Johann Wolfgang von Goethe, Ernst Eduard Martin

Ephemerides 1770, und Volkslieder von Goethe

Johann Wolfgang von Goethe, Ernst Eduard Martin

Ephemerides 1770, und Volkslieder von Goethe

ISBN/EAN: 9783743438057

Hergestellt in Europa, USA, Kanada, Australien, Japan

Cover: Foto ©Thomas Meinert / pixelio.de

Weitere Bücher finden Sie auf **www.hansebooks.com**

DEUTSCHE LITTERATURDENKMALE
DES 18. UND 19. JAHRHUNDERTS
IN NEUDRUCKEN HERAUSGEGEBEN VON BERNHARD SEUFFERT

14

EPHEMERIDES

UND

VOLKSLIEDER

VON

GOETHE

STUTTGART
G. J. GÖSCHEN'SCHE VERLAGSHANDLUNG.

1883

Die beiden hier abgedruckten Handschriften Goethes befinden sich seit Mai 1878 auf der kaiserlichen Landes- und Universitätsbibliothek zu Strassburg; vorher besass sie Freiherr von Stein-Kochberg, dessen Urgrossmutter, Charlotte von Stein, sie von Goethe selbst erhalten hatte.

Veröffentlicht worden sind die Ephemeriden, welche das eine Heft einnehmen, zu einem grossen Teile von A. Schöll, Briefe und Aufsätze von Goethe aus den Jahren 1766 bis 1786, Weimar, Landesindustriecomptoir 1846, 2. Ausg. 1857 S. 63—140, mit lehrreichen Bemerkungen, aber nicht in der Reihenfolge des Originals, sondern sachlich geordnet. S. 123—130 sind hier auch einzelne Stücke aus dem zweiten Hefte, den Volksliedern mitgeteilt worden, z. T. nur in den Abweichungen von der Publikation einzelner dieser Lieder in Herders Volksliedern.

Die im Folgenden abgedruckten Abschriften hat Herr Dr. Socin angefertigt; der Druck ist wiederholt mit den Originalien verglichen worden*). Es erschien zweckmässig den Abdruck buchstäblich genau, auch in Bezug auf die Interpunktion zu geben. Unter dem Text stehn die von Goethe selbst verbesserten Lesarten. Einige wenige Fälle, in welchen Fehler des Textes korrigiert und die Goethesche Schreibweise in die Fussnoten gesetzt worden ist, werden hoffentlich keine Irrung hervorrufen.

---

*) Nachträglich berichtige ich folgende Fehler: 7, 34 auch l. auf | 8, 15 8 l. B | 18, 25 l. Adeo | 22, 21 l. Stryk | 22, 29 II l. 11 |

I.

Die Ephemeriden bilden den Inhalt eines Heftes in 4⁰. Beschrieben sind 34 Seiten. Die Schrift wird gegen Ende, etwa von S. 31 ab, etwas flüchtiger. Die einzelnen Einträge folgen der Zeit nach auf einander. So weit sich mit Bestimmtheit aus den Schriftzügen, aus der Farbe der Tinte u. a. ein neues Einsetzen erkennen liess, ist im folgenden Abdruck jedesmal ein ∽ vorgesetzt worden.

Ueber die Zeit der Aufzeichnungen geben folgende Bemerkungen Goethes Anskunft. Auf dem Titelblatt steht 1770; S. 5 (im Abdruck 6, 28) Febr. und hierzu stimmt auch, dass auf S. 6 (7, 15—33) aus dem Mercure de France Janv. 1770 ein Stück abgedruckt ist; S. 12 unten (12, 29) Martius.

Selbstverständlich ist alles Vorhergehende noch in Frankfurt eingetragen worden. Vermutlich auch ein guter Teil des noch folgenden. So zunächst die noch übrigen Excerpte aus Quintilian. Aber auch weiterhin ist es von vornherein wahrscheinlich, dass Goethe in Frankfurt, unter den Augen des Vaters diese excerpierende und notierende Thätigkeit noch eifriger fortgesetzt hat, als zu Strassburg in der akademischen Freiheit. Die Gegenüberstellung z. B. von Platos und Mendelssohns Phädon S. 21—25 (18, 30—22. 15) setzt eine Ruhe und Sammlung voraus, wie Goethe sie in Strassburg schwerlich lange bewahrt hat. Mit voller Sicherheit darf man dagegen die auf S. 28 ff. (24, 4 ff.) verzeichneten elsässischen Notizen auf die Strassburger

Zeit zurückführen. Vermutlich sind auch schon die Büchertitel S. 27 (23, 20 ff.) auf den Verkehr mit Herder zu beziehn, also frühstens im September 1770 aufgezeichnet; und sicher bezieht sich S. 31 (26, 12—17) auf ein erst im Jahre 1771 erschienenes Buch.

Wie die Schrift gegen Ende hin einen neuen Charakter gewinnt, so wird auch der Inhalt der Notizen hier ein anderer. Besteht der erste Teil mehr aus Excerpten, denen gelegentlich eigene Urteile Goethes über die gelesenen Bücher beigefügt sind, so treten mehr und mehr selbständige Bemerkungen ein und schliesslich sogar Stücke eigner, freier Dichtung.

Auch aus jenen Excerpten aber lässt sich manches gewinnen für die Kenntnis von Goethes Studien vom Frühjahre 1770 bis ins Jahr 1771.

Zu ihrer Erläuterung im einzelnen habe ich folgende Bemerkungen zu machen, die allerdings — trotzdem mir von verschiedenen Seiten freundliche Unterstützung gewährt wurde — noch manches unerklärt lassen.

3, 1 bezieht sich auf Paracelsus (dessen Schriften ich in der Ausgabe der 'Opera . . durch Joa. Huserum . . in Truck gegeben', fol. Tom. I Strassburg 1603 benutze) in Paragrani I. Tractat von der Philosophey p. 205: 'Was ist höhers und löblichers an einem Auditore vnnd Discipulo dann dass er in einer weichen Schalen lige | die da nicht erherte | biss er seiner Disciplin gewachsene Flügel erlangt hab | und alsdann der Rutten entrinne.'

3, 2. 3: Der Titel lautet genauer 'C. A. Peuschel, Abh. der Physiognomie, Metoposcopie und Chiromantie.'

3, 4—6: vgl. Paracelsi Op. p. 206.

3, 7—11 enthält ein Missverständnis der Worte des Paracelsus p. 214: 'Ueberreden euch selbs nicht | dass jhr gnug können in Avicenna | oder genug finden in Galeno oder satt gelert werden in Mesue: diese ding alle sind bey euch weniger nutz (so ihr wollen der warheit nachfahren) dann den Bawren Petrus de Crescentiis. Unnd ist gleich zu verstehen | als wolt einer ein Musicus werden auss dem Dannhauser vnd fraw von Weissenburg: Es dönet wol dem | der gnug darvon hat | und frewet niemands bass | dann den Singer selbs.' Paracelsus meint natürlich die bekannten Volkslieder (bei Uhland Nr. 297 und 123) und will sagen, dass wie die Wiederholung fremder Lieder nicht zum Musiker bilde, so auch die ärztliche Wissenschaft nicht bloss aus Gelehrsamkeit geschöpft werden könne.

3, 12: Plin. epist. VIII 6 bespricht die schmeichlerischen Ehrenbezeugungen, welche der Senat dem Freigelassenen Pallas, dem Günstling des Kaisers Claudius erwiesen hatte.

3, 18. 19: Paracelsus p. 271.

3, 20—22: Haeser, Geschichte der Medicin (3. Aufl. Jena 1875) 1, 268.

3, 23: Haeser, 1, 226. Sprengel, Gesch. der Arzneikunde (3. Aufl. Halle 1821) 1, 486.

3. 25: Geoffroy, Traité de la matière médicale, I—XVI. Paris 1743—47.

3, 27—4, 25: Die aus Giordano Bruno angezogenen Stellen finden sich alle in Pierre Bayle, Dictionaire historique et critique (von mir benutzt in der 4. éd. Amsterdam et Leide 1730). Merkwürdig ist der Gebrauch des Französischen für Goethes Aufzeichnung eigner Gedanken: an anderen Stellen (10, 19 ff.) hat er sich lateinisch ausgedrückt. In Absatz 4, 18—21 sind Bayles eigene Worte angeführt.

4, 26: Jo. Alberti Fabricii Bibliographia antiquaria.. Hamb. et Lips. 1713; p. 234 .. et quod iisdem Pythagoricis unarius numerus virtute est $\dot{\alpha}\rho\rho\epsilon\nu\acute{o}\vartheta\eta\lambda\upsilon\varsigma$ actu $\dot{\alpha}\rho\iota\vartheta\mu o\tilde{\upsilon}\ \pi\alpha\tau\grave{\eta}\rho$, binarius $\mu\acute{\eta}\tau\eta\rho$ et ex his ortus numerus tertius $\dot{\alpha}\rho\rho\epsilon\nu\acute{o}\vartheta\eta\lambda\upsilon\varsigma$.

4, 28. 29: Joh. Arnd, Bedenken über die deutsche Theologie 1597. 1611.

5, 5: Lucanus, Pharsalia 3, 220—221.

5, 13: Manilius, Astronomicon 4, 197: zu den unter

dem Zeichen der Jungfrau Geborenen rechnet sich auch Goethe, DW. I.

5, 36—6, 10: Voltaire, Epitre CIV à l'auteur du livre des trois imposteurs 1769 (Oeuvres complètes. Paris, Garnier frères 1877, X 404), zuerst gedruckt im Évangile du jour 1769 und Nouveaux Mélanges VIII. 1769.

7, 2 bezieht sich wohl auf Goethes Absicht, von Strassburg aus weiter nach Frankreich vorzudringen, wobei insbesondere auch die in Z. 5—7 bezeichneten Sehenswürdigkeiten in Nancy besichtigt werden sollten.

7, 8—10: vgl. Paracelsus p. 353 im Tractatus de Pestilitate 'Also wissent, dass die Spinnen alle aus dem Menstruo Mulierum, welches ist ein Lufftig und Fewrisch Gifft, von den Teuffeln in dem Luft aussgebrütet und geboren werden.'

7, 11—14: Paracelsus p. 354.

7, 34—8, 2: Paracelsus p. 572.

8, 3—7: Paracelsus p. 573.

8, 8: Paracelsus p. 574. Hinter Z. 9 'Conjunctio' war abzusetzen.

8, 9—16: Paracelsus p. 314. In Z. 9 lesen die Ausgaben von 1603 und 1616 althalizai, was Goethe zu alchalizati verbessert hat.

8, 17—19: Ob Goethe hier hypochondrisch an sich selbst gedacht hat?

8, 25—26: Alchimistische Schrift.

9, 3—19: Ist in Z. 3 vor Hälfte eine nähere Bezeichnung ausgefallen? Oder soll Hälfte = Mitte sein? In jedem Fall ist diese Beschreibung eines Nordlichts erst im Februar von Goethe verzeichnet, und vermutlich nicht nach eigener Beobachtung.

9, 20—22: Lessing, hg. von Lachmann-Maltzahn 6, 371.

10, 6: Barbault, Les plus beaux monuments de Rome ancienne 1761. T. I pl. 72 s. Schöll 110 Anm.

10, 11: 'Ovid Metam. 8, 517' Schöll 110.

10, 18: vgl. Fabricius p. 236 Die Unterscheidung

des Geschlechts bei den Göttern 'valde affinis est illorum opinioni qui ... vel deum esse existimant non modo causam et demiurgum, sed quoque materiam universi. — Posteriorem hunc (errorem) maxime nostra aetate incrustavit Spinosa.'

11, 3—6: Diarium Italicum sive monumentorum veterum, bibliothecarum, musaeorum etc. notitiae singulares in Itinerario Italico collectae a R. P. D. Bernardo de Montfaucon, Paris 1752. Flaminius Vacca war der Verfasser einer Beschreibung der römischen Denkmale und lebte im 16. Jahrhundert. Die Bescheidenheit, die er in der selbstverfassten Grabschrift aussprach, mag Goethe sympathisch berührt haben.

11, 15: Ueber J. Huarte und sein spanisch geschriebenes, mehrfach ins Französische übersetztes Buch (l'Examen des Esprits propres aux sciences) s. Bayle, Dict.

11, 16. 17: Hier ist wohl nur eine französische Uebersetzung oder ein französisches Citat aus dem zu 15, 23 citierten Buche gemeint.

11, 20: pastiches 'Nachahmungen' bezeichnet die nach fremden Mustern ohne eigne Erfindungsgabe gemachten Dichtungen.

11, 21—24: Auch diese Stelle ist Quintilian entnommen, eine Combination von 1, 1, 4 und 8.

11, 35—12, 7: vgl. Histoire universelle de Jacque-Auguste de Thou, depuis 1543 jusqu'en 1607, traduite sur l'édition latine de Londres. XVI. Londres 1734. T. X p. 678 (ch. XCVI), wo jedoch eine andere Uebersetzung: il seroit homme à le faire quelque jour assassiner sans bruit dans sa chambre même.

13, 14: Wielands Diogenes? s. Z. f. d. A. 26. 256.

13, 17: Der Ausdruck sufflaminandus begegnet im ludus de morte Claudii 14. 3, aber nicht im Munde des Augustus.

13, 24: Lateinische Wiedergabe eines derben Witzes?

13, 34—14, 2 bezieht sich vielleicht auf Sen. ep. 101, 10. 11.

14, 3: Propertius 1, 2, 22 (wo est color dem Pentameter entspricht).

14, 4—12: 'Shakespeare King John 4, 2; nach Wielands Uebersetzung mit ganz kleinen Abweichungen': Schöll 118.

14, 23: Der bekannte Agrippa von Nettesheim: s. Loepers Commentar zu Dichtung und Wahrheit I S. 346.

14, 28: ediretur und Thomasium Schreibfehler für ederetur und Thomasius.

14, 32—34: [Rapin S. J.], Les reflexions sur l'éloquence, la poétique, l'histoire et la philosophie T. 2 (Amsterdam 1686) p. 303 (Sur l'histoire chap. XXVIII).

15, 1. 2: Montesquieu, Esprit des lois 1. XXIV, ch. X. (.. anciens pouvaient être considérées comme ..)

15, 5. 6: Vgl. Cod. Just. VIIII, 18, 4 im Cod. jur. civ. ed. Mommsen et Krueger, Berlin 1872. (de Maleficis et Mathematicis).

15, 7. 8: A. Schultingii Jurisprudentia vetus Antejustinianea. Lugd. Bat. 1717. Lips. 1734. (Huschke, Jurisp. Antej. 4. ed. Lips. 1879. p. 673): de Manichaeis et Mathematicis.

15, 19. 20: Ueber die Tancia (dies ist die richtige Form) s. u. a. Bouterwek Gesch. d. Poesie u. Beredtsamkeit 2, 414. Sie erschien zuerst Firenze 1615.

15, 23—33: Joh. Barclai Icon Animorum .. Augusti Buchneri notis ... illustrata, Dresdae 1680. cap. III (Nationalgeist der Franzosen) p. 102 f. und V (Nationalgeist der Deutschen) p. 179.

15, 34—16, 2: Cic. de Div. 1, cap. 49.

16, 11—20: Der Brief über den Émile befindet sich in den Oeuvres compl. éd. Lahure, Paris 1856 2, 330 ff. Goethe citiert p. 333. 339. 341. 373.

16, 21—26: Cic. de Div. 2 cap. 3. 23. 24.

16, 27—31: 'Meinhardt, Versuch über den Character und die Werke der besten ital. Dichter. I 1763. II 1764. III 1774'. Schöll 117.

17, 10: Der Schluss von Jeremias cap. 46 lautet:

'Ich will dich züchtigen mit Maasse auf dass ich dich nicht ungestrafet lasse.'

17, 11—20: Le comte de Tessin, Lettres au prince royal de Suède, traduites du Suédois. II. Paris 1755.

17, 21—25: [J. C. v. Moser], Der Herr und der Diener geschildert mit patriotischer Freyheit. Frankfurt 1759. 1761.

17, 33—18, 8: Der Titel, für den Goethe hier eine Lücke gelassen, ist 'Callipaedia seu de pulchrae prolis habenda ratione', herausg. 1655. Der Verf. Calvidius Laetus hiess eigentlich Claude Quillet, geb. zu Anfang des 17. Jahrh., gest. 1661. Er schrieb auch eine Henricias in 12 Büchern: Schöll 116 Anm.

18, 9—17: 'Rede bei Eröffnung der Königl. Akademie der Künste zu London am 2. Jan. 1769, gehalten von deren Praesidenten Herrn Josua Reynolds. Leipzig 1769'. Schöll 107 Anm.

18, 18: Liv. 1, 26.

18, 24—29: Cod. Jur. civ. I 14.

18, 30—22, 15: M. Mendelssohns Phädon erschien Berlin 1767; den Platonischen benutzte Goethe nach 20, 19 in der Uebersetzung von J. B. Köhler, Lübeck 1769: Schöll 89.

22, 16—19: [Dorat], Les Baisers.

22, 21. 22: Samuel Stryk, geb. 1640, gest. 1710 als Prof. zu Halle.

22, 33—23, 5: Sully (in der Ausgabe Paris 1822 T. 1 p. 176).

23, 6. 7: 'A. Leyser, Praelectiones in Schilteri jus canonicum': Schöll 74.

23, 10: Ist gemeint Aug. a Leyser, De rebus merae facultatis? s. Chr. Fr. Glück, Erläuterung der Pandecten. (2. Aufl. Erlangen 1797). 1 p. 112.

23, 11: 'Th. Blackwell, Enquiry into the life and writings of Homer. Lond. 1735. 3 ed. 1757': Schöll 115.

23, 12: 'Rich. Hurd, Commentary on Horace's Ars Poetica 1749. Reprinted with the addition of two

Dissertations and a Letter to Mr. Mason on the Marks of Imitation 1757. 4 ed. corr. and enlarged 1765': Schöll 115 fg.

23, 21: 'Georg Hickes Linguar. veter. septentrion. Thesaurus grammaticus criticus. VI. fol. 1703—1705' Schöll 121.

23, 22: 'Olai Wormii Antiquitates Danicae de Literatura 1651 ua.' Schöll 121.

23, 23: 'Edda Islandorum ed. Resenius 1665'? Schöll 122.

23, 24: Saxonis grammatici historia Danica.

23, 25: 'Thom. Bartholini de causis contemtae mortis a Danis adhuc gentilibus 1689'. Schöll 121.

23, 26: 'P. H. Mallet, Monumens de la mythologie et de la poésie des Celtes, enthalten in der Introduction à l'histoire de Dannemark ... Copenhague 1755—1756. 4⁰'. Schöll 121.

23, 27: 'Gottfried Schütze verfasste u. a. Drei kleine Schutzschriften für die alten deutschen und nordischen Völker. II. Leipzig 1746. 1757. Der Lehrbegriff der alten deutschen u. nord. Völker von dem Zustand der Seele nach dem Tode. Leipzig 1750. Disquisitio historica de cultu Saxonum religioso, priscis Danis ac Germanis familiari, limitibus arctioribus circumscribendo. Lips. 1760. 4⁰'. Schöll 121.

23, 28: 'Stender Lettische Grammatik. Braunschweig 1761': Schöll 122.

23, 29—33: Sully l. VIII (in der zu 22, 33 angeführten Ausgabe 2, 222).

25, 5: Jo. Laurentii Moshemii Institutionum historiae ecclesiasticae ll. 4 (Helmstadii 1755) p. 101 [nicht 91] Coeli ordines potentissimum habent dominum et principem, quem Abraxas nominabat Basilides, wozu eine Note u) bemerkt dass eine Menge Gemmen vorhanden seien quibus praeter alias figuras Aegyptiaci ingenii nomen hoc Abraxas incisum est.

25, 6—14: Joh. Steph. Pütter, Handbuch der

Teutschen Reichshistorie 1762. (In der 2. verm. Aufl. Göttingen 1772, befinden sich die angezogenen Stellen § 58 p. 142, § 59 p. 145.)
25, 14—17: vgl. Mon. Germ. SS. 3 p. 408 fgg. 432 (I cap. 35). 440 (II cap. 2).
25, 18: Tobias Smollet, The adventures of Peregrine Pickle.
25, 19: 'Gemeint ist wohl J. P. Eberhard, Sammlung der ausgemachten Wahrheiten in der Naturlehre 1755, oder, dess. Vermischte Abhandlungen aus der Naturlehre 1766 ff.' Schöll 78.
25, 20: Winckler war Goethes Lehrer in Leipzig gewesen: Loeper zu DW. 2, 202.
26, 3. 4: Das genannte Werk erschien 'London bei Cadell'. Schöll 26.
26, 6—11: Achill August von Lersner, Chronica der Reichsstadt Franckfurth. Frankf. a. M. 1734.
26, 12: [Jos. Herm. von Riedesel zu Eisenbach], Reise durch Sicilien und Grossgriechenland. Zürich 1771. Goethe führte das Buch in Sicilien bei sich: S. Boisserée 1, 253.
26, 13: ebd. S. 13.
26, 14. 15: ebd. S. 16.
26, 16. 17: ebd. S. 25.
27, 22: 'P(ompejus?)' Schöll 139. Hier S. 137 fg. auch der Nachweis, dass Goethes Caesar noch 1777 und 1778 erwartet wurde.
27, 30: Erhard Lauterbach, 1618—78, Prof. jur. zu Tübingen, Verf. verschiedener juristischer Schriften.

Soviel zu den einzelnen Notizen. Ihre Beziehungen zu Goethes sonst bezeugter Thätigkeit umfassend zu erörtern, muss ich ablehnen. Dass sich manches an Goethes Dissertation anschliessen lässt, ist leicht ersichtlich. Die Stellen aus Paracelsus, die juristischen Notizen über unschädliche Zauberei sind wahrscheinlich mit Rücksicht auf Faust aufgezeichnet; anderes, juristisches und historisches, bereitet auf Götz vor. Ob von sonstigen dramatischen Entwürfen, ausser dem zu Julius Caesar, nicht vielleicht auch ein Heinrich IV. durch 11, 35 ff. 22, 33 ff. 23, 29 ff. bezeugt ist?

Ich schliesse, um anderen die Benutzung der Ephemeriden zu erleichtern, mit einem Register der Stichwörter für die einzelnen Einträge, insbesondere der Autornamen der benutzten Bücher. Bücher, von denen Goethe nur den Titel vermerkt, ohne dass eine wirkliche Benutzung nachweisbar ist, sind durch ein vorgesetztes * ausgezeichnet. Ein hinter die Seiten- und Zeilenzahl gesetztes a verweist auf die vorstehenden Anmerkungen.

PHILOSOPHIE UND THEOLOGIE.

Arnd über Tauler 4, 29a.
Bayle über G. Bruno 3, 27—4, 25a.
*Bernieres Louvigni, Jean de 15, 17—18.
*Crophius, von Betuleji Art zu lehren 11, 30—31.
Fabricius 4, 26a. 10, 18—11, 2a.
*Huarte 11, 15a.
Jeremias 17, 10a.
Kempis 16, 3—4.

Malebranche 11, 27—29. 17, 1—5.
Mendelssohn 18, 30—22, 15a.
Montesquieu 15, 1—2a.
Mosheim 25, 5a.
*Pfaff 24, 1—3.
Plato s. Mendelssohn.
Reflexionen 8, 27—28. 11, 7—9?
Reliquien 6, 31—34.
Rousseau 16, 11—20a.
Thomasius 14, 28—31a.

JURISPRUDENZ UND STAATSWISSENSCHAFT.

*Ayrer 5, 15—23.
Baselische Reformationsordnung 24, 6—25, 4.
Bronchorst 18, 19—23.
Carpzov 27, 29—30.
Codex Juris 18, 24—29a. 22, 25—29a.
*Cornelius 5, 24.
Erbfolge 22, 20.
Fehde und Faustrecht 26, 5.
Franz, Kaiser 6, 11—15.
Genuensia Statuta 28, 14—15.
Haarhandel 23, 14.
Lauterbach 27, 30.

(Lersner) Frankf. Chron. 26, 6—11a.
Leyser zu Schilter 23, 6—7a.
*(Ders.?) de abusu rer. merae facult. 23, 10a.
Moser 17, 21—25a.
Parlamentsstellen verkauft 23, 13.
Pütter 25, 6—14a.
Schulting 15, 7—8a.
Schwabenspiegel 22, 23—24.
*Stryk 22, 21—22a.
Tessin, Graf von 17, 11—20a.
Thomasius 14, 35—36.

MEDICIN UND NATURWISSENSCHAFT.

* A. G. R. P. M. 25, 32—33.
* Beguelin 3, 13—15.
Boerhaave 8, 17—24 a.
* Cisternai du Fay 25, 24—25.
Diocles von Caryste 3, 23 a.
* Ewerhardt 25, 20.
* Geoffroy 3, 25.
* Gordon 25, 23.
* Hartmann 26, 1—2.
Hippokrates 3, 24.
* Jallabert 25, 27—28.
* Kratzenstein 25, 26.
* Lemery 8, 25—26 a.
Nettesheim 14, 23—26 a.

* Nollet, l'abbé 7, 3.
Nordlicht 9, 3—19 a.
Paracelsus 3, 1 a. 4—11 a. 18 19 a. 7, 8—14 a. 7, 34—8, 16 a.
* Peuschel 3, 2—3 a.
Prosper Albinus 3, 21—22 a.
Recepte 6, 26—27. 23, 15—19.
* Schulz 3, 25.
Spinnenparung 8, 29—9, 2.
Themison 3, 20 a.
Tessalus Trallianus 3, 20 a.
* Waitz 25, 29—30.
* Winckler 25, 21—22 a. 31—32.

GESCHICHTE UND PHILOLOGIE.

Barclai 11, 16—17 a. 15, 23—33 a.
* Bartholin 23, 25 a.
* Blackwell 23, 11 a.
Buchner ad Plin. Ep. 13, 18—20.
Casaubon ad Athen. 15, 14—15.
Cic. Div. 15, 34—16, 2 a. 16, 21—26 a.
Cic. ep. 15, 16.
* Edda 23, 23 a.
Elsässische Ausdrücke 24, 4—5. 26, 34—27, 7. 27, 27—28.
* Gualdus 17, 6—9.
* Hesychius 16, 32—33.
* Hickes 23, 21 a.
* Hurd 23, 12 a.
Livius 18, 18.
Magog etc. 15, 9—13.
* Mallet 23, 26 a.
Meinhard 16, 27—31 a.
* Naturae et scripturae concordia 4, 33—5, 2.
* Noel 5, 9—12.
* Passerius 16, 34—35.

* Pinellus 17, 6—9.
Plin. Epist. 3, 12 a. 13, 21—23 a. 27 28. 30.
Pomponius Mela 3, 17.
* Porte, l'abbé de la 7, 2.
Quintilian 11, 10—14 a. 11, 21—24 a. 12, 8—13, 12 a.
Rapin 14, 32—34 a.
Riedesel 26, 12—17 a.
* Sablons, de 6, 26.
* Saxo gramm. 23, 29.
* Schelhorn 14, 24.
* Schütze 23, 27 a.
Seneca 13, 17 a. 34—14, 2.
Stade, von 23, 8—9.
* Stender 23, 28.
Stolle 14, 31.
Sully 22, 33—23, 54. 23, 29—33 a.
Tacitus 3, 16—17.
Thouan 11, 35—12, 7 a.
* Vigneul-Marville, de 14, 20.
Widukind 25, 14—17 a.
* Worm 23, 22 a.

POESIE UND KUNST.

*L'Amour paternelle 7, 1?
Anekdoten 14, 15—16? 27, 8—17.
Astolf und Cleanth 6, 28—30.
Baldus 4, 30.
Barbault 10, 6a.
Brebeuf 5, 6—8.
*Buonarotti 15, 19—20a.
Caesar 27, 22—26. 27, 31—28, 3.
28, 5—13.
Calvidius Laetus 17, 33—18, 8a.
*Damour 7, 7.
Dialog 14, 13—14? 22, 30—32.
Diogenes 13, 14a.
(Dorat) 22, 16—19.
Flaminius Vacca 11, 4—5a.
Huch 5, 27—35.
Jacobä 26, 30—32.
Jeannot der Fingerling und Dr. Merks 26, 25—29.
Juvenal 11, 33—34.
Lessing 9, 20—10, 17a.
Lucan 5, 3—5a.
Manilius 5, 13—14a. 14, 17—20.
17, 26—32.
Mercure de France 7, 15 33.
Montfaucon 11, 6a.
Musikalische Nachrichten 6, 16—25.
Ovid 11, 32.
pastiches 11, 20a.
Propertius 14, 3a.
Ramler 11, 25—26.
Reynolds 18, 9—17a.
Roman, komischer 27, 18—21.
scenario 15, 21—22.
Shakespeare 4, 31—32. 13, 13—16. 14, 4—12a.
Smollet 25, 19.
Sprichwort, latein. 13, 24a?
Traumgespräch mit einem Juden über die Autorschaft 26, 33.
Voltaire 5, 36. — 6, 10a.

II.

Auch die Volkslieder stehen in einem Quartheft (mit 38 beschriebenen Seiten). Die Schrift ist gross und flott. Am unteren Rande der S. 26 ist eine Strophe von fremder Hand nachgetragen: s. die Lesart zu 8, 53. Es ist die steife, zitternde Hand einer älteren Person, vermutlich derjenigen, von welcher Goethe das Lied mitgeteilt erhielt. Mehrere Schreibfehler Goethes machen es wahrscheinlich, dass er seinen Text nach einer schriftlichen Vorlage abschrieb: s. zu 8, 37, wo G. in die nächste Halbstrophe hineingeriet; ferner 3, 26. 4, 37. 5, 60. Auch die falsche Abteilung der Verse 3, 23. 24 mag aus der Vorlage stammen. Dann wäre die bekannte Aeusserung Goethes in einem Briefe an Herder (Frankfurt, Ende August oder Anfang September 1771), dass er diese Lieder 'auf seinen Streifereien im Elsass aus denen Kehlen der ältesten Mütterchens aufgehascht habe' nicht durchaus wörtlich zu nehmen.

Dieser Brief ist abgedruckt in der Sammlung 'Aus Herders Nachlass, herausg. von Heinrich Düntzer und Ferdinand Gottfried von Herder I, Frankfurt a. M. 1856' S. 29. Beigelegt waren ihm zwölf Lieder, darunter alle neun in unserem Manuskript vereinigten. Ueber diese Beilage berichtet Düntzer a. a. O. 153—176, indem er die zwölf Lieder teils vollständig abdruckt, teils mit der Ausgabe in Herders Volksliedern (Leipzig II 1778. 1779) kollationiert.

In seine Sammlung hatte Herder unser 2. und 4.

aufgenommen, ausserdem das dritte aus der Briefbeilage Goethes: 'Das Lied vom jungen Grafen.' In den Anmerkungen spricht sich Herder auch über die Melodien dazu aus, die ihm Goethe in jenem Briefe gleichfalls in Aussicht gestellt hatte. Goethes Brief zeigt, dass er diese Lieder ohne Herders Wissen gesammelt hatte; nur dass er auf die Wertschätzung der Volkslieder überhaupt doch erst durch Herder geführt worden ist.
Ich vergleiche nun mit dem hier abgedruckten Manuskript die Briefbeilage bei Herder (B). Ausserdem bemerke ich die Fälle, in denen dieselben oder nahverwandte Lieder in 'Des Knaben Wunderhorn' von Achim v. Arnim und Clemens Brentano (Ausg. von 1808) Aufnahme gefunden haben. Den I. Band dieser Sammlung hat Goethe recensiert und man wird gern sein Urteil aus späterer Zeit über die Lieblinge seiner Jugend diesen selbst beigegeben sehn.

Das erste unserer Lieder, 'Das Lied vom Pfalzgrafen' ist in B (S. 154) das zweite. Zu vergleichen ist im Wunderhorn 1, 259 'Der Pfalzgraf am Rhein', worüber Goethe urteilt 'Barbarische Fabel und gemässer Vortrag'; und ebd. 2, 272 'Der grobe Bruder.'

B zeigt folgende Varianten (abgesehen von rein orthographischen Differenzen): Z. 3 Gott grüss dich, Pfalzgraf hübsch und fein, 4 adlig | 5 frag'n | *Hinter Z* 16 *bemerkt Goethe in B:* 'Hier fehlt die Strophe, worin sie das Kind abläugnet.' 17 bey | an | 21 dann | 29 du mir's |

Auf Z. 30 folgen noch 8 Strophen:
'Es stund kein halb Vierteljahr mehr an,
Der König von England geritten kam.
Gott grüss dich, Pfalzgraf, hübsch und fein!
Wo hast du dein adlig Schwesterlein?
Was hast nach meiner Schwester zu fragen!
Sie ist jetzt todt, lebt nimmermehr.
Ist sie jetzt todt, lebt nimmermehr,
So hast du sie ums Leben gebracht.
Was zog er aus? Sein glitzrig Schwert;
Er stachs dem Pfalzgraf durch sein Herz.

Gelt, Pfalzgraf, gelt! jetzt hast dein Lohn!
Warum hast deine Schwester nicht leben lon?
Er nahm das Kind wohl auf den Arm.
Jetzt haben wir keine Mutter, dass Gott erbarm.
Er wiegt das Kindlein in süsse Ruh,
Und ritt mit ihm nach England zu.'

Es ist möglich, dass diese 16 Zeilen und die 8. welche am Anfang des nächsten Liedes in unserem Manuskript fehlen, hier auf einem zwischen Bl. 1 und 2 eingelegten Blatte gestanden haben und mit diesem verloren gegangen sind. Freilich würde dann die Zahl der Zeilen auf der Seite nicht mit der sonstigen gestimmt haben.

Dies zweite Lied ist in B das vierte (S. 156), in Herders Volksliedern 1, 38 das sechste: 'Das Lied vom eifersüchtigen Knaben.' Aus Herder schöpfte das Wunderhorn 1, 292. Goethe urteilt über das Lied im Wunderhorn: 'Das Wehen und Weben der räthselhaft mordgeschichtlichen Romanzen ist hier höchst lebhaft zu fühlen'.

Varianten in B. Zunächst der Anfang:
'Es stehen drei Sternen am Himmel,
Die geben der Lieb ihren [darüber: einen] Schein.
Gott grüss euch, schönes Jungfräulein,
Wo bind ich mein Rösselein hin.
'Nimm du es, dein Rösslein, beim Zügel, beim Zaum,
Bind's an es dem Feigenbaum.
Setz dich es ein kleine Weil nieder,
Und mach mir ein kleine Kurzweil.'

Sodann Z. 1 kann es und mag es | 3 Herz | 4 Feinslieb von | 5 er | 8 Das | 12 b. wird mir es der | 16 gab |

Das dritte Lied, 'Das Lied vom Grafen Friderich' ist in B (S. 167) das neunte. Vgl. Wunderhorn 2, 289. 294.

Varianten in B: 3 ihm *fehlt.* | 8 e. sehr schmalen | 14 Drückts | 22 hat | 25 meine | 32 Wie eines | 33 setzt | 36 B. aber wollte | 39 wolle es wär | 40 wär | 42 herüber | 46 Unwillen | 56 eine | 62 Die Bitt soll | 65 herzigs | 90 stachs | 92 Erde | 97 länger | 99 Daran da steht g. | 111 Seine | 117 leichtem | 118 ich *fehlt.* |

Das vierte, 'Das Lied vom Herrn von Falckenstein' ist in B (S. 153) das erste; in Herders Volksliedern steht es im I. Band S. 232; im Wunderhorn 1, 255, wozu Goethe bemerkt: 'Von der guten, zarten, innigen Romanzenart.'

Varianten in B: 2 ein | 4 M. mit weissem Kleide | 5 woraus (?) | 7 Wollen | 15 um'en | 17 geb ich dir n. | 25 T. wohl um | 26 darinnen | 31 wenn | 32 Keine | 34 Herrn s. Knechte | 35. thät | ich *fehlt.* 38 ein | 39 Ich will dir | 42 nichts] was | 43 U. wenn ich was | 44 darf |

Das fünfte, 'Das Lied vom verkleideten Grafen' steht in B (S. 160) als sechstes. Varianten: 1 ein junger | 4 erfreien | 5 die sieben | 8 Seide | 23 eine 27 wenn ¦ Schlossthor 31 edle 35 ihrem 43 deiner 45 willst es k. | 47 zu] bei | 53 Hr. *fehlt.* | 56 B. dass er | 58 Lass |

Das sechste, 'Das Lied vom Zimmergesellen' ist in B (S. 162) das siebente; vgl. auch Wunderhorn 2, 235.

Varianten in B: 6 nieder] drunter | 8 Zum zw. 15 wenn es | 19 älteste | 20 hinein | 22 Euerem 27 Einen | 33 Burgemeister | 37 aus dem S. |

Das siebente: 'Das Lied vom Lindenschmidt' ist in B (S. 164) das achte; vgl. Wunderhorn 1, 125, wozu Goethe: 'Von dem Reiterhaften, Holzschnittartigen die allerbeste Sorte.'

Varianten in B: 7. 16. 21 Bäuerlein | 10 Sollt | 12 W. nein | 17 das | genug | 18 hab ich | da stehn 19 Die gehören dem | 25 sollt | 29 *die Lücke ist nach der zweiten Zeile angegeben.* | 31 in die] zur | 37 alsbald n. d. Klinge | 40 zu Boden | 44 niemand was L. | 45 Darzu | 50 dein | 51 halbe | *Die Lücke* 53 *ist ausgefüllt:* Der Tag war kaum angebrochen. |

Das achte, 'Das Lied vom Herrn und der Magd'

ist in B (S. 157) das fünfte; vgl. Wunderhorn 1, 50.
Goethe nennt es: 'Dunkel, romantisch, gewaltsam.'
Varianten von B: 2 schöne | 6 Ich bin von euch
9. 25. 29. 33 Seid st. seid st. | 17 wie] als | 19 Da
kam mir die liebe M. | *Die Lücke Z. 20 ist ausgefüllt:*
Entgegen auf der Brucken | 21 O] Ach | 27. 28 *fehlen.*
41 Als er | 42 geben | 44 meine | 49 U. als | 51
Todtenträger | 53 Halt — halt 54 hab | 58 sich selber |
  Das neunte Lied 'Vom braun Annel' ist in B
(S. 172) das zehnte. Varianten: 9 *Das zweite* es *fehlt.*
10 nicht | 15 einen | 16 ihr | 20 herunter | 24 da |
25 nur b. | 33 fast (?) |
  Deutlich beruhen diese Varianten von B teils auf
Ungenauigkeit der Abschrift, teils auf absichtlicher Anpassung an das Hochdeutsche. Nachträgliche Benutzung
andrer Quellen finde ich nicht: die eine Besserung 7,
18 beweist schwerlich dafür. Die ursprüngliche Aufzeichnung hielt sich offenbar an die Volksüberlieferung
in einer wahrhaft mustergiltigen, echt philologischen
Weise.

Strassburg, 5. Juli 1883.

Ernst Martin.

Ephemerides.

Was man treibt,
Heut dies und morgen das.

1770.

[1] Paracelſus von Schülern, in einer weichen Schale. Peuſchels Abhandl. der Phiſiognomie, Metoskopie, und Chiromantie. Leipz. 1769.

Par. redet ſchon wider die Temperamenten, und ſagt ihr Grund ſey nichts als eine fliegende Spekulation.

Paragrani Erſter Tractat von der Philoſophey.

∞ Dannhäuſer und Fraw von Weißenburg ſcheinen theoretiſch und tiefſinnig von der Muſick geſchrieben zu haben, Parac. ſagt von ihren Wercken, es dönet wol dem, der gnung darvon hat, und frewet niemands baß, dann den Singer ſelbs. Paragrani andrer Tract. von der Aſtronomey.

∞ Plin. Ep. Lib. VIII. 6.

Memoire sur les ombres colorees par Mr Beguelin. Hist de l'Academie Roy. des Sc. et bell. lett. Annee 1767. Berlin.

De Moribus germ. minime ut volunt formatis. Tac. Hist. lib. 4. cap. 46. Pomp. Mela.

Par. ſagt Gott habe alle Dinge aus nichts erſchaffen, in Labyrintho Med. Cap. 5.

Themiſon, Teßalus Trallianus die Stiffter der Metho= diſchen Secte. Proſper Alpinus ſchrieb dieſe Lehre in dem Buch de Medicina Methodica.

Diocles von Caryſte ein Med. ſehr in die 7. Zahl ver= liebt. Auch Hippokrates war ſchon für dieſe Zahl.

∞ Schulzii Theses ad Mat. Med. Halae 46. Geofroy de Mat. Med.

[2] Je ne suis pas du sentiment de Mr Bayle a l'egard de Jor. Brunus, et ie ne trouve ni d'impiete ni d'absurdite dans les passages qu'il cite, quoique

---

13 p | 23 Diocles corr. aus Diogenes

d'ailleurs ie ne pretende pas d'excuser cet homme paradoxe.

L'uno, l'infinito, lo ente e quello che é in tutto, e per tutto anzi é l'istezzo Ubique. E che cossi la infinita dimenzione per non esser magnitudine coincide coll individuo. Come la infinita moltitudine, per non esser numero coincide coll unita. Giord. Brun. Epist. Ded. del Tratt. de la Causa, Principio, e Uno.

Ce Passage meriteroit une explication et une recherche plus philosophiques que le disc. de Mr. Bayle. Il est plus facile de prononcer un passage obscur, et contraire a nos notions, que de le dechiffrer, et que de suivre les idees d'un grand homme. Il est de meme du passage ou il plaisante sur une idee de Brunus, que ie n'applaudis pas entierement, si peu que les precedentes; mais que je crois du moins profondes et peutetre fecondes pour un observateur judicieux.

Notes, je vous prie, dit B. une absurdite: il dit que ce n'est point l'etre qui fait qu'il y a beaucoup de choses, mais que cette multitude consiste, dans ce qui paroit sur la superficie de la substance.

E quello che fa la multitudine nelle cose, non é lo ente, non é la cosa: ma quel che appare, che si rappresenta al senso, et nella superficie della cosa. Dial. V. p. 127.

∞ De Numerorum potestate ap. Pyth. vid. Fabr. Bibliographia antiquar. p. 234.

Tauler war Custos und Priester in der Teutschen Herren Hauße zu Franckfurt. v. Arndts Bedenck. über Taulers Theologie.

Longus homo raro sapiens. Baldus.

[3] Romeo und Julie ist eben das Sujet von Pyramus und Thisbe.

Naturae et Scripturae Concordia; Commentatio de Litteris et Numeris primaevis aliisque rebus memora-

---

35   22 E corr. aus Et

bilibus cum ortu litterarum conjunctis illustrata et Tab. aen. dep. Lips. et Hafn. 1752.

Phoenices primi, famae si creditur, ausi,
Mansuram stabili vocem signare figura.
            Lucanus.

C'est de Dieu, que nous vient cet art ingenieux,
De peindre la parole, et de parler aux yeux
        Brebeuf traduction de Lucain.

∞ Sinensis Imperii Libri Classici Sex. Adultorum Schola, Immutabile Medium, Liber Sententiarum, Memcius, Filialis Observantia, Parvulorum Schola. a Franc. Noel. Pragae 1711.

∞ Manilius in Lib. Astronom. de eo qui sub signo ♀ natus sit: Hic et scriptor erit velox.

Jacobi Ayreri historischer Proceßus iuris, in welchem sich Lucifer über Christum, darum, daß dieser ihm die Hölle zerstöret, eingenommen, die Gefangenen daraus erlöset, und hingegen ihn Lucifern gefangen und gebunden habe, beschweeret. Darinn ein ganzer ordentlicher Proceßus von Anfang der Citation biß auf das Endurtheil, in ersterer und anderer Instanz, dazu die Form wie in Compromißen gehandelt wird einverleibet. Fr. 1597. recus. in Process. Juris Joco-serio, Hanoviae 1611.

[4] Ant. Cornelii Quaerela infantium in limbo clausorum, adversus divinum iudicium, apud aequum iudicem proposita. Paris. 1531. 4.

∞ Aesopus, oder Versuch über den Unterschied zwischen Fabel und Mährgen. von Ernst. Lud. Dan. Huch. 1769. Die Aesopische Fabel, |: sagt der Verfaßer : unterscheidet sich von dem Mährgen durch den Knoten, vom Beyspiele durch erdichtete Handlungen, vom Apologen durch erdichtete Handlungen lebendiger Wesen, von der Mythologie durch erdichtete Handlungen würcklicher Wesen, von der Parabel durch erdichtete Handlungen unvernünftigen Wesen, und von der Erdichtung in Gedancken durch den Ausdruck.

∞ J'ai fait plus en mon temps que Luther et Calvin;
On les vit opposer, par une erreur fatale,

Les abus aux abus, le scandale au scandale,
Parmi les factions ardens a se jetter,
Ils condamnoit le Pape, et vouloit l'imiter,
L'Europe par eux tous fut longtemps desolée.
Ils ont troublé la terre, et ie l'ai consolée.
J'ai dit aux disputans, l'un sur l'autre acharnés:
Cessez impertinens, Cessez infortunés,
Tres sots enfans de Dieu; cherisses Vous en freres,
Et ne Vous mordes plus pour d'absurdes chimeres.
                                                Voltaire.

∞ Kayser Franz machte einst die Speculation, und zeichnete eine ansehnliche Summe Ducaten eh er sie ausgab, um zu sehen ob der Umlauf des Gelds sie wieder [5] zu ihm bringen würde. Ich überlaße denen Finanzverständigen zu urtheilen, ob es Gedancke oder Grille war.

Ein Componist, dem ein Text zu bearbeiten vorgelegt wird, hat besonders auf folgende 4 Stücke zu sehen. 1. Auf den grammatikalischen Accent, oder auf die Länge und Kürze der Sylben um prosodisch richtig zu declamiren; 2. Auf die logikalischen Abtheilungen der Rede, um mit Verstande zu deklamiren; 3. auf den oratorischen Accent um der vorhabenden Empfindung gemäß zu deklamiren; 4. Auf das eigenthümliche seiner Kunst, um nicht blos Deklamateur sondern Musicus zugleich zu seyn. Musical. Nachrichten und Anmerck. Leipz. 1770. 4. St.

∞ Les grands hommes vengés, par Mr. de Sablons II. Tom. 5—10. gr. ☉ c. min. Foem. del.

∞ Febr.) Wie falsch Cleanth die Verdrüßlichkeit seiner Geliebten auslegte, und wie Astolf ein lang versagtes Geständniß herauslockte.

Unter den Certifikaten die man denen Reliquien beylegt, um den Besitzer seines Schatzes wegen sicher zu stellen, und die Gläubigen durch keinen Zweifel verwirren zu laßen, stehet noch unter der Signatur Gratis ubiq..

---

17 nach hat durchgestrichen hau | 28 Febr. am Rande eingeschaltet.

∞ L'amour paternelle.
Le Voyageur Francois, par Mr. l'Abbé de la Porte.
L'Art des Experiences, par Mr. L'Abbé Nollet 3 V. 12 pour servir de Suppl. aux leçons de physique.

[6] Receuil des ouvrages en serrurerie que Stanislas a fait faire pour la place royale de Nancy par Jean Damour. **Nancy.**

∞ Also wißet daß die Spinnen alle aus dem M. M. welches ist ein feurig lüfftig Gifft, von den Teufeln in dem Lufft ausgebrütet werden. Tr. 4 de Pestil.

Und wie keine lebendige Creatur ohne eine Gebehrde und Anzeigung ist, wozu biß zu gebrauchen nutz ist, also ist auch das Geberbe der Spinnen wenn sie das Rad macht, eine Anzeigung der Zauberey. Ib.

> Ah, croies moi ce St. Aulaire,
> Chaulieu, ces libertins charmants,
> Qui, sur leurs front octogenaire,
> Rajeunissoient des agremens.
> Qui, sous les drapeaux de Cythere;
> Alloit dans nos cercles brillans
> Rire encor folatrer et plaire,
> Rendus sous leur toit solitaire,
> Sentoit leur maux, grondoient leurs gens,
> Et ne pouvant plus se soustraire,
> Gemissoit du fardeau des ans.
> Sortis de Sceaux, loin de du Maine,
> Loin des Soupers du grand Prieur,
> Dans leur petit interieur,
> Goutte, sciatique, ou migraine
> Venoit affliger le rieur.
> Le plaisir trompe la douleur,
> Mais le Sentiment y rammene
> Merc. de Fr. Janv. 1770.

∞ [7] Nun wißet auch das, daß also luxum corpus nichts anders ist, als allein ein eytele Sperma, die nicht figiret, und recht in seiner Proportion stehet, sondern unvollkommen ist, und ist doch der Corpus, aber luxum, wie ihr in Lepra verstehen möget. De Podagr. lib. II. C. Geomantia.

∞ Darum ich wohl mag reden, daß die Ärtzt, so die Cadaverum Anatomiam für sich nehmen, nichts als unverständig Leut sind, dann nicht der Cadaver zeigt die Anatomey, dann sie giebt allein die Bein, und des Beins Nachbaaren, noch ist aber die Kranckheit nicht da.

Die Kunst ist nichts anders als das Licht der Natur. Ib. Conj. 4. Olei fellis terrae alcnalizati correcti ℥ij. Liquoris Lyncis, Spongiae, Judaici, Cancror. a. ℥III.

Vermisch das mit einander, cirkuliers auf einen Monat, darnach so gieb davon zu trincken, je mehr je beßer, und behalt den Harn beysammen, congelier, und coagulir das sedimen zusammen in ein Maßam, so findest du den Stein und seine größe alle. D. 8. von den Tart. Kranth. 20 Cap.

∞ Inter alia signa Rachitidis morbi advenientis recenset Boerhaave in Aph. 1486 Ingenii praematurum acumen.

De Variol. 1380. Est ut plurimum epidemicus, verno tempore primo incipiens, aestate crescens, languens autumno, hyeme sequenti fere cedens, vere iterum eodem ordine rediturus. Quo citius in hyeme incipit, eo violentior, quo serius, eo mitior, erit mali natura.

Lemerys Vegetatio oder Arborificatio Martis. V. Hist. de L'Acad. des Sciences. Annee 1707.

∞ Wie die Zeit die Betrübniß mildert, so mildert sie auch die Reue.

∞ [8] Die großen, wohlgemästeten Spinnen die wir im Sommer in denen Geweben sehen, sind, wie man mir versichert hat, die Weibgen dieser Nation, dahingegen das männliche Geschlecht hager und unansehnlich in denen Ritzen des Gemäuers und den Fugen der Balcken sich aufhalt. Gegen Ende des Sommers ist ihre Paarung, früher oder später, jenachdem das Wetter warm oder kalt war, und es soll ein

---

32 hager corr. aus haher

komischer Spectakel seyn, diese abentheurlich und feindseelig aussehende Creaturen Liebe machen zu sehen.

∞ In der Hälfte des Jannars erschien folgendes Phänomen. An der Gegend des Horizonts wo im Sommer die Sonne unterzugehen pflegt, war es ungewöhnlich helle, und zwar ein bläulich gelber Schein, wie in der reinsten Sommernacht von dem Ort wo die Sonne untergegangen ist heraufscheint, dieses Licht nahm den vierten Theil des sichtbaren Himmels hinaufzu ein, darüber erschienen rubinrothe Streifen, die sich |: zwar etwas ungleich :| nach dem Lichten Gelb zuzogen. Diese Streifen waren sehr abwechselnd und kammen biß in den Zenith. Man sah die Sterne durchfunckeln. Auf beyden Seiten von Abend und Norden war es von dunckeln Wolcken eingefaßt, davon auch einige in dem gelben Scheine schwebten. Überhaupt war der Himmel rings umzogen. Die Röthe war so starck daß sie die Häußer und den Schnee färbte und dauerte ohngefähr eine Stunde von sechs biß 7. Abends. Bald überzog sich der Himmel, und es fiel ein starcker Schnee.

∞ [9] Leßings Laok. p. 16. „Wuth und Verzweiflung schändete keines von ihren Wercken. Ich darf behaupten, daß sie nie eine Furie gebildet haben."

In der Note zeigt er, daß nicht Furien, sondern Mägde mit Täbis bey der Althäa stehen, und ich binn gerne seiner Meynung, wie auch über den Kopf auf der Scheibe gegen die Mitte, und gleichsam als auf der Gränze. Aber dieser Kopf giebt mir Gelegenheit, den ersten Theil der angeführten Stelle anzufechten. L. bekennt selbst, es sey hefftiger Schmerz und wer es ansieht wird gern mit mir einig seyn daß es würckliche Verzerrung ist. Sollte man wohl Wuth und Verzweifelung stärcker ausdrücken können. Zwar daß der Künstler nicht Meleagern so gebildet hat sondern gleichsam ein Beywesen, mit dem Hauptgedancken des Stücks verzieret, weil er zu schröcklich war, ist ein Beweiß für L. aber nur

---

5 Hs. irrtüml. zweimal und | 9 vor Himmels steht Horizonts durchgestrichen. | 32 Hs. Gleichsam

in so weit ich seiner Meynung bin. Die alten, wie ich anders wo zu beweisen gesucht habe, scheuten nicht so sehr das häßliche als das falsche, und verstunden auch die schröcklichsten Verzerrungen, in schönen Gesichtern, zur Schönheit zu machen. Denn ich will gerne L. zu Liebe glauben daß der Kupferstecher!: ich habe es in Barbaults Wercke gesehen :| einige Züge verdorben hat, denn ich weiß ohne das, daß ein Kupferstich ist wie eine Übersetzung, man muß die beste wieder in Gedancken übersetzen, um den Geist des Originals [10] zu fühlen. Aber noch etwas. Nach Leßings Grundsätzen bleibt hier der Künstler unter dem Dichter, denn Ovid sagt: magnos superat virtute dolores, und der Künstler hatte nichts von diesem Gefühl. Ovid hat keinen Übergang wie der Künstler von der Wuth zur Mattigkeit und dem Todt. Es ist mir das wieder ein Beweiß daß man die Fürtrefflichkeit der Alten in etwas anders als der Bildung der Schönheit zu suchen hat.

∞ Ad. Fabric. Bibliogr. antiq. p. 234 et seq. Separatim de Deo, et natura rerum disserere difficile et periculosum est, eodem modo quam si de corpore et anima sejunctim cogitamus; animam non nisi mediante corpore, Deum non nisi perspecta natura cognoscimus, hinc absurdum mihi videtur, eos absurditatis accusare, qui ratiocinatione maxime philosophica Deum cum mundo conjunxere. Quae enim sunt, omnia ad essentiam Dei pertinere necesse est, cum Deus sit unicum existens, et omnia comprehendat. Nec Sacer Codex nostrae sententiae refragatur, cujus tamen dicta ab unoquoque in sententiam suam torqueri, patienter ferimus. Omnis antiquitas ejusdem fuit sententiae, cui consensui quam multum tribuo. Testimonio enim mihi est virorum tantorum sententia, rectae rationi quam convenientissimum fuisse systema emanativum; licet nulli subscribere velim sectae, valdeque doleam Spinozismum, teterrimis erroribus ex eodem

2 Hs. haben | 8 vor man durchgestr. w | 33 Hs. subscibere

fonte manantibus, doctrinae huic purissimae, iniquissimum fratrem natum esse.

D. O. M.

Flaminio Vaccae sculptori Romano, qui in operibus quae fecit, nunquam sibi satisfecit.

Montfaucon. in Diario Italico. p. 105.

∞ [11] Es ift ſchweer für einen unbilligen Mann, einen Billigen Biographen, beſonders unter ſeinen Zeitgenoßen zu finden.

∞ Hebetes vero et indociles, non magis secundum naturam hominum eduntur, quam prodigiosa corpora et monstris insignia. Quint. 1. 2.

In quibusdam virtutes non habent gratiam, in quibusdam vitia ipsa delectant. Ib. 1. II. c. 3.

Examen des esprits par Huarté.

Le portrait du charactere des hommes et des Siecles par Barclai.

L'homme d'esprit peut bien faire un couplet, mais il faut etre poete pour en faire trois.

Des pastiches.

Nutrices si fieri posset sapientes Chrysippus optavit. De paedagogis hoc amplius: ut aut sint eruditi plane, quam primam esse curam velim, aut se non esse eruditos sciant.

Rammlers Ode an Hymen iſt eine offenbare Nachahmung des Catulliſchen Epithalamii.

Quand on parle comme les autres, et selon les idees vulgaires, on ne dit pas toujours ce que l'on pense Malebranche.

Von Betuleji Art zu lehren. Vid. B. Crophius hist. des Augsburg. Gymnas. P. II. p. 122. seq.

Si qua latent, meliora putat. Ov. Met. 1. 502.

Quid profuit olim, Hippolyto grave propositum, quid Bellephoronti. Juv. X. 325.

[12] Le chancelier me predit donc dans la conver-

---

1 Vor iniquissimum durchgestr. fals. | 17 p

sation, peu de jours avant que Messieurs de Guise fussent tués, que si le Duc de Guise continuoit a faire de la peine au Roi durant le temps qu'il faisoit, ce Prince le feroit expedier entre quatre murailles sans
5 forme de Proces. L'esprit du Roi, ajouta-t'il, s'irrite facilement durant une gelée telle que celle que nous essuyons. Ce tems le rend presque furieux. Thouan.

∞ Mihi non invenuste dici videtur, aliud esse Latine aliud Grammatice loqui. Quint. I. VI.

10 Persequi quidem quod quisque unquam vel contemtissimorum hominum dixerit, aut nimiae miseriae, aut inanis iactantiae est: et detinet atque obruit ingenia, melius aliis vacatura. Id. I. VIII.

Ex quo mihi inter virtutes grammatici habebitur
15 aliqua nescire. Id. Ib.

Sophronem mimorum scriptorem Plato adeo probavit, ut suppositos capiti libros ejus cum moreretur habuisse credatur. Q. I. X.

Pythagoram accepimus, concitatos ad vim pudicae
20 domui afferendam iuvenes, iussa mutare in spondaeum modos tibicina, composuisse. Id. Ib.

Adeo facilius est multa facere quam diu. Id. I. XII.

Minus afficit sensus fatigatio quam cogitatio. Id. Ib.

Erit plenius interim corpus, quod mox adulta aetas
25 adstringat. Hinc spes roboris. Maciem namque et infirmitatem in posterum minari solet protinus omnibus membris expressus infans. Quint. 11. IV.

A Summis ad ima rigens opus. Id. II. XII.

Martius.

30 [13] Alii sunt sermones Socratis ad coarguendos qui contra disputant compositi, quos ἐλεγκτικοὺς vocant, alii ad praecipiendum qui δογματικοὶ appellantur. Id. II. XV.

∞ Firma quaedam facilitas, quae apud Graecos ἕξις nominatur. Id. X. I.

---

35 8 Hs. Mihi Non. Mihi nachträglich hineingeschrieben.
10 contemtissimorum corr. aus contemptissimorum

Excitat qui dicit, spiritu ipso, nec imagine et ambitu rerum, sed rebus incendit. Id. Ib.

Plerumque facilius est plus facere quam idem. Id. X. 2.

Vide limitropha hujus sententiae.

Nec vero saltem iis quibus ad evitanda vitia iudicii satis fuit, sufficiat imaginem virtutis effingere, et solam ut sic dixerim, cutem, vel potius illas Epicuri figuras, quas e summis corporibus dicit effluere. Id. Ib.

Omnia enim nostra dum nascuntur placent, alias nec scriberentur. Sed redeamus ad indicium. et retractemus suspectam facilitatem. X. 3.

Nunquid tu melius dicere vis quam potes. Ib.

∞ Richard II. von Schäckespear. V. Aufz. II. Scene. Diogenes von Sinope dialogirt sehr in der Manier von John Falstaff. Offt eine Laune, die mehr Wendung als Gedancke ist.

∞ Sufflaminandus est. Aug. dict. ap. Sen. Decl. 4.

Acutum in coloribus dicitur τὸ λαμπρὸν; Pressum τὸ σκοτεινὸν. Vid. Buchner ad Plin. Epist. Lib. VIII. E. XX.

Mandemus memoriae, quod vir mitissimus, et ob hoc quoque maximus Thrasea, crebro dicere solebat; qui vitia odit homines odit. Plin. L. VIII. Ep. XXII.

Altum petit ut crepitus in balneo redditus.

[14] Vasorum Mirrhinorum fragmenta Nero sepulcro inclusisse fertur.

Quotus enim quisque tam patiens, ut velit discere quod in usu non sit habiturus. Plin. Ep. VIII. 14.

∞ Graciles Vindemiae.

Est dolendi modus non timendi. VIII. 17.

Debilis non est infirmus, ac imbecillis ex languore aliquo sed quia lapsu vel mutilatione parum utilis est redditus.

Ne in lectulo quidem nisi ab aliis movebatur. Vivebat

---

4 limitropha corr. aus limitrophae | 19 Vor Vid. durch-gestr. J | 24 Altum corr. aus Summa | 25 Nero corr. aus Nerone

tamen et vivere volebat.   De Mecaenate idem sentiente vid. Senec. CI.

Qualis Apellaeus color est in tabulis. Propertius.

∞ Ich sah einen Schmidt mit seinem Hammer, der, indeß
5 daß sein Eisen auf dem Amboß erkaltete, mit offnem Maul
die Zeitungen eines Schneiders einschlang, der mit seinem
Ellstab und seiner Scheer in der Hand, in halbangezognen
Schuen, die er vor Eilfertigkeit an den unrechten Fuß gesteckt
hatte, von viel tausend tapfern Franzosen erzählte, die in
10 Kent in Schlachtordnung stünden; biß ein andrer hagrer un-
gewaschner Handwercksmann seiner Erzählung ein Ende machte,
und von Arthurs Todt erzälte. Schäckespears Johann sine terra.

∞ Wenn mein Nebenbuhler über mich kommen sollte,
so laß ich mich hängen um über ihm zu seyn.

15   Von der unglücklichen Frau, deren Blut ihr Gehirn ver-
rückt hatte.

∞ M. Manilii Astronomicon c. n. Scalig. edente
Boecl. Arg. 1655 4.

Indicium de notis Scalig. vid in Melanges de Vigneul-
20 Marville. Tom. III.

[15] Petri Poiret, de eruditione solida, superficiaria et falsa Libri III.

De libri Nettesheimiani editione integerrima Vid. Schelhorn in Amoen. litter. Tom II. Os: V.

25 Editionem integram ferunt, quam de anno 1532 in S. reperimus.

Libro Poiretii supra memorati, cum primum Halae 1694 ederetur Christian. Thomasium Dissertationem iunxit, qua Mysticus ipse haud parum videbatur; quam tamen
30 postea abstulit aliam solidiorem (ut dicunt) substituens. Vid Stolle. Phil. Gelahrh. p. 39.

Rapin parlant de Cesar, dit dans ses réflexions sur l'Histoire, Il est presque le seul des auteurs, qui ne disc point d'impertinences.

35   Thomasii Cautelae circa praecognita iurisprudentiae Lib. 1. Cap. V. § 62 seq.

∞ Les diverses Sectes de Philosophie chez les anciens etoit des especes de Religion. Montesq. p. m. 338.

Wer in einer fremden Sprache schreibt oder dichtet, ist wie einer der in einem fremden Hause wohnt.

∞ Suffragium Leg. 4.' C. de Malef. et Mathem. pro innoxia incantatione ponitur.

Mosaic. et roman. leg. Collatio. Tit XV. de Man. et Math. Vid Jurispr. Anti-Just. Schultingii.

Magog.
Baath.
Finiusa Farsu.
Gadel, son of Eatheoir of the Posterity of Gomer.
Caoih Jar son of Neamha the Hebrew.

Uti bonos floribus, ita lapidibus petitos malos Poetas notat Casaubonus ad Athenaeum. p. 431.

De Sale Attico. Cic. Ep. VII. 31.

Jean de Bernieres Louvigni das verborgene Leben mit Christo, in Gott.

[16] Tauria Comedie par Mich. Ange Buonarotti le neveu du fameux Mich. Ange.

Scenario, le canevas de toutte une piece, rempli par les Acteurs a l'impromptu, dits improvisatores.

∞ Media autem indoles, —, laetitia capacis animi exuberans, eique non efficta prudentia frenum imponens, ea demum omni pretio major, et ad sapientiae simulque hilaritatis imaginem exacta est. Barclay. Icon Anim. III.

Nimirum ut in regionibus, ubi vulgo, et velut ipso natalium munere, acria aut lepida ingenia exurgunt, pauci ex suae mediocritatis tenore, vel curant vel possunt excedere ita humilioris veluti fati gentes, et plus antiqua bonitate, quam per vanam subtilitatis culturam ornatae, interdum ingeniis sunt insignes, quae propius ad coelum accedant, quam ad terram erant nata. Id. C. V.

Cumque omnia completa et referta sint aeterno sensu,

---

1 de Philosophie corr. aus des Religions | 20 p | 29 vel corr. aus aut | 30 excedere corr. aus exurgere | 33 nata corr. aus natae

et mente divina, necesse est cognatione divinorum animorum, animos humanos commoveri. Cicero de Divin: 1.

Occasiones hominem fragilem non faciunt, sed qualis sit ostendunt. Kempis. I. 16.

∞ Ich verſichre euch, manchem großen Mann, den ihr nur in tiefer Ehrfurcht anſchaut, wird's offt weh um's Herz, wenn bey ſtiller Betrachtung, das Gefühl ſeiner Niedrigkeit über ihn kommt. Nur manchmal vermögen eure Bücklinge und eure Bewunderungen ihn aufzurichten; aber dann iſt's ihm mehr komiſche Freude, als Zufriedenheit.

∞ La posterité n'y verra dans ses erreurs memes que les torts d'un ami de la vertu. Rousseau. Lett a Mr. de Beaumont Arch. de Par.

Le peché originel explique tout exepté son principe, et c'est ce principe qu'il s'agit d'expliquer. ibid.

J'ai prouvé que toute la gloire du paradis les tentoit moins qu'un morceau de sucre, et qu'ils craignoit beaucoup plus de s'ennuyer a vépres que de bruler en enfer. ibid.

∞ [17] Est-il simple, est-il naturel que Dieu ait eté chercher Moise pour parler a Jean Jaques Rousseau.

Dubitans plerumque, et mihi ipse diffidens, si enim aliquid certi haberem quod dicerem; ego ipse divinarem, qui esse divinationem nego. Cic. de Div. II.

∞ De Tage Etruscae disciplinae mirabili autore. Ibid.

Etenim ille (Pompej.) admodum extis et portentis movebatur. Ibid.

Der wichtigſte Nachtheil aber, welchen der große Schutz vielleicht nach ſich zieht, den die ſchönen Wißenſchafften bey Regenten finden, iſt dieſer, daß ſo viele, blos witzige Köpfe, ſich an Arbeiten wagen die nur dem Genie zu kommen. Meinhard. II. 7.

Hesychii Lexicon, cura Alberti Th. D. L. Bat. Tom. Sec. prodiit 1766. fol maj.

Joh. Bapt. Passerii Pisaurensis Nob. Eugubini in Th. Dempsteri libros de Etruria regali Paralipomena. 1767.

15,34—16,2 Dieſer Paſſus iſt am Rande beſonders angeſtrichen.

∞ Nicol. Malebranche primo Cartesium secutus in libello Recherche de la Vérité seu, de inquirenda veritate genuinum ipsius sensum expressit. Secessit vero expost in societatem eorum quos Enthusiastas nominare solemus atque libellum de Natura et Gratia edidit. Joannis Vincentii Pinelli Vita a Paulo Gualdo conscripta, August. Vind. 1607. in 4. prodiit. Recusa curante Guilelmo Bathesio inter caeteras virorum aliquot illustrium vitas p. 314. quod Opus Lond. 1681 editum.
Jerem. 46 in fine.

∞ [18] Ich habe die Briefe des Grafen von Teßins gelesen; ein liebenswürdiger, erfahrner Greiß, blickt aus jeder Zeile. Man sieht daß seine Klugheit, nicht ein Kind der Spekulation, sondern des Lebens ist. Genung er ist ein Weiser ohne ein Philosoph zu seyn, und eben der Mann für den Platz. Ich binn zuweit von der Mayestät, um zu beurtheilen in wiefern die Schmeicheleyen die er dem Prinzen auf ieder Seite sagt, entschuldigt werden können. Ein freyer Menschenverstand, und ein zärtliches Herz, empfelen das ganze Buch.

Ich binn nie an Hof gewesen, mich interessirte der Herr und Diener von Mosern also nicht. Hofleuten mag er gefallen haben, wie einem eine genaue Landkarte einer Gegend gefällt die man sehr wohl kennt; aber es scheint auch nur Topographie und keine meistermäsig gemahlte Landschaft zu seyn.

Ich fing des Manilius Astronomikon zu lesen an, und musste es bald aus der [19] Hand legen; so sehr dieser Philosophische Dichter sein Werk mit grosen Gedancken verziert, vermag er doch der Unfruchtbarkeit seines Sujets nicht abzuhelfen. Es fiel mir dabey die Königliche Grille Ludwigs des grosen ein, der so viel Unkosten verschwendete um eine Wüste zum Paradies umzuschaffen.

Dagegen las ich gleich um diese Zeit, eines Neuern, Calvidii Leti er hat dieses

---

25 vor meistermäsig durchgestr. woh | 34 Nach Leti eine halbe Zeile freier Raum.

Sujet mit der liebenswürdigsten Manier, und den angenehm=
sten lateinischen Versen bearbeitet. Ein guter Freund warf
mir ein, da ich ihm sagte es gefiehl mir dieses garwohl und
beßer als der Manilius selbst, es sey das Sujet was uns
mehr anzöge als das andre und nicht die Dichtkunst; allein
ich meyne doch man müße selbst die übeln Würdigungen eines
Sujets auf Rechnung des Dichters schreiben. Es ist seine
Schuld daß er es gewählt hat.

⁂ [20] Rede bey Eröffnung der Londner Akademie von
Reynolds. Enthält fürtreffliche Erinnerungen eines Künstlers,
über die Bildung junger Mahler; er bringt besonders auf
die Correction, und auf das Gefühl der Idealischen stillen
Größe. Er hat recht. Genies werden dadurch unendlich
erhaben, und kleine Geister wenigstens etwas; die sonst, wenn
sie mit einem Feuer, das sie nicht haben, ihre Manier be=
leben wollen dem Hanswurst gleich sind der die leichten
Sprünge einer Seiltänzerinn mit übelm Succeß nachäfft.

Die Rede des alten Horaz. Liv. 1.

⁂ Communio bonorum, et libertas, non sunt tam
ius. quam bona quaedam integrae et incorruptae naturae
convenientia, quae depravata natura humana, non pote-
rant amplius retineri.

Eberh. Bronchorst Εναντιογανων Assertione III.

Digna vox est majestate regnantis, legibus alligatum
se Principem profiteri: Odeo de auctoritate juris. nostra
pendet auctoritas. Et revera majus imperio est, sub-
mittere legibus Principatum. Et oraculo praesentis edicti
quod nobis licere non patimur, (aliis) indicamus. l. 4.
Cod. de Leg. Impp. Theod, et Valent.

⁂ [21] Phädon.

Ein Weiser stirbt gerne. So beginnt das Gespräch.

Eine kleine Abhandl über den Selbstmord. Hier weicht
Moses, zum erstenmal ab.

Es sey keine Art des Selbstmordes da er jetzt so willig
sterbe, behauptet Sokrates.

5 Vor mehr durchgestr. am | 24 Vor regnantis durch-
gestr. princi

Hatte ich nicht Hoffnung sagt er, da wo ich hinkomme wieder weise und gute Gottheiten zu finden, und auch die Seelen der Verstorbenen, die dort weit reiner und heiliger sind als hienieden: so wäre es freylich eine Thorheit, den Tod so wenig zu achten, und ihm willig in die Arme zu rennen.

Man bittet ihn seine Hoffnungen zu erklären.

Ein Weiser, fängt er an, lernt seine ganze Lebzeit durch sterben.

Der Tod setzt er voraus sey eine Trennung des Leibs und der Seele.

Für den Leib sorgt der Weise nicht.

Denn er ist ihm vielmehr beschweerlich. Die Seele kann sich schwer zur Betrachtung der geistigen Wesen erheben. Hier weicht M. zum zweytenmal.

Gereinigt durch die Befreyung vom Körper zu werden sey des Weisen Hofnung und Wunsch.

Es gäbe Leute die aus Furcht für andern Übeln gerne sterben. Das seyen keine Weisen.

Ich glaube, allda beßere Freunde zu finden als ich hier verlaße.

[22] So endet sich der Eingang. Cebes verlangt bewiesen zu haben, daß die Seele nicht vergänglich sey.

Veränderung heist wenn eine entgegengesetzte Bestimmung, der ersten an einer Sache folgt.

Dazu alle Mittlern zustände genommen werden müßen.

Alles Veränderliche kann keinen Augenblick unverändert bleiben.

Platons Sokrates führt seinen beweiß hier, aus dem Zirckel der Dinge.

Die Folge der Zeit geht in einem fort, und es giebt keine zween Augenblicke die sich am nächsten sind.

Die Folge der Veränderungen kommt mit der Folge der Zeit überein und ist ebenfalls, so stätig, so unzertrennlich, daß man keine Zustände angeben kann die sich einander die nachsten wären, Oder zwischen welchen nicht ein Übergang statt finden sollte.

---

11 Hs. der Leib | 15 Weisen corr. aus Weißen

2*

Vom Thierischen Leibe.

Wenn wir sagen die Seele stirbt, So heißts entweder sie vergeht in einem Winck oder nach und nach. Zwischen seyn und nicht seyn ist eine entsetzliche Klufft, die von der almählig wirckenden Natur der Dinge nicht übersprungen werden kann.

Und von Gott haben wir nichts zu fürchten.

Kann die Seele ohne Sinne empfinden.

Sie wird die erhabne, heilige, geistische Gefühle von Schönheit, Ordnung und also von Gott haben.

[23] Biß hierher hat Platons Sokrates erwiesen es sey alles Erinnerung was wir in unserm Leben dencken.

Und weil wir einen Begriff vom Gleichen hätten, das doch vor unsrer Geburt müße da gewesen seyn, so müße unsre Seele auch vor unsrer Geburt da gewesen seyn.

Das Unsichtbaare Geistische ist nicht zusammengesetzt unsre Seele auch nicht kann also nicht getrennt werden und bleibt also nach dem Todte.

Moses II. Abschn. Köhl. Ph. 73.

Simmias nach einer Deklamation von Empfindungen der Unsterblichkeit wirfst ein: es könne das was wir seele nennen ein Werck der Organisation seyn, und sey vergänglich, wie die Harmonie nach zerißner Leyer. Cebes sagt es könne wohl die Seele fortdauern vielleicht aber in einem dummen schlaffenden Zustand.

Beym Plato sagt Simmias eben dasselbe. Cebes aber wirfst ein es könne wohl die Seele obwohl der würdigere Theil endlich untergehn; Wie ein Weber der viele Kleider sich gewebt, endlich doch stirbt, und das geringere sein letztes Kleid zurückläßt.

Ein anders ist Ebenmas sagt Sokrates beym Moses, ein anders die Empfindung desselben, diese letztere kann nicht anders als einfach seyn.

Zusammensetzung ist eine Verbindung entfernter Theile, dadurch entsteht eine Ordnung, oder eine Krafft.

Wenn alle einzelne Theile in einer todten Ruhe liegen, kann das ganze keine Krafft haben.

∞ [24] Im ganzen kann hingegen ein Ebenmas seyn, wenn in den Theilen kein's ist. Denn Manigfaltigkeit woraus das ganze besteht, kommt keinem Theile zu.

Und im ganzen kann keine Wircksamkeit entstehen wenn nicht ieder Theil würcksam ist.

In der seelenlosen Natur giebt's kein Zusammenhalten. Die Krafft des Zusammenhaltens im Menschen kann ich nicht durch Harmonie erklären, ich erklärte sie da durch ihre eigne Würckungen.

Aber vielleicht ist dieses denckende Vermögen, eine von den Thätigkeiten des Zusammengesetzten, die von der Lage der Theile würcklich unterschieden, und dennoch nirgends anders als im Zusamm. anzutreffen sind.

Die Bestandtheile unsers Körpers müßten also Kräffte haben aus denen im Z. das Verm. zu dencken entspringt. Und ihr entweder änlich oder unänlich.

Das Zusammennehmen der Einf. Kräffte, aus welchen eine unähnliche Krafft des Zusammengesetzten entspringen soll, setzt ein denckendes Wesen zum Voraus, dem sie in Verbindung anders scheinen als sie sind. Daher kann aus diesem Zusammf. das denckende Wesen nicht entspr.

Also müßten die Theile sich und dem ganzen ähnlich und auch denckende Kräffte seyn.

Und endlich müßten wir doch eine Krafft zugeben die alle andern versammelte.

Oder wir gäben [25] viele Geister zu da ich nur einen haben will.

∞ Socrates beym Pl. sagt erst wenn die Seele eine Harmonie wäre, so müßten alle Seelen einander gleich seyn. Hernach sey eine Harmonie nichts thätiges.

III. Absch.

Sokrates beym M. widerlegt den Zebes hauptsächlich durch die betrachtung des Zunehmens von unsrer Geburt an und durch die Empfindung und Bestrebung nach Unendlichkeit die wir in uns fühlen.

Zeigt endlich die Schwierigkeiten, die ein entgegengesetztes

System hat, die Fürtrefflichkeit der Folgen des seinigen. Und schließt mit seinem Tobte.

Beym Plato fängt Sokrates an zu Erzählen wie es ihm mit seinen Spekulationen über die Entstehung und Veränderung der Dinge gegangen.

Das schöne und Gute ist was würckliches.

Man weiß nicht auf welche Weiße ein Ding etwas werde, als durch die Theilnehmung an dem iedem Dinge eigenem Wesen.

Entgegengesetzte Bestimmungen können sich nicht nur nie mit einander vereinigen, sondern auch andre Sachen leiden nicht daß in ihnen entgegengesetzte Bestimmungen zusammenkommen.

Die Seele führt das Leben immer mit sich, also kann sie nicht sterben.

Hierauf folgt eine erbauliche Cosmologie, und er stirbt.

∞ [26] Presque toutes les autres passions repandent l'homme hors de lui; l'amour le ramène au-dedans et simplifie son bonheur. Discours Preliminaire des Baisers.

Die Erbfolge eine Haupturſache der Ungleichheit.

∞ Stryx de actionibus forensibus investigandis et caute eligendis.

Poena Rotae in diffamatores statuta. Jus prov. Svev. Cap. CXIV.

∞ Volentes enim inhonesta haec et servilia furta perimere, et nostros subjectos in quiete a provincialibus iudicibus conservare: propterea festinavimus gratis administrationes eis dare ut nec ipsis liceat delinquere. Justinian. Nov. 8. C. II.

∞ A. Wir zwey betrügen einander schweerlich.

B. Wohl. Ich habe keine Luſt sie zu betrügen. Und wenn sie glauben mich zu betrügen: So betrügen sie sich selbst.

∞ Je me souviendrai toujours de l'attitude et de l'attirail bizarre ou je trouvai ce Prince*) dans son

---

*) unten am Rande: Henry III. de France
11 ihnen corr. aus Ihnen | 13 also corr. aus aſſo

Cabinet. Il avoit l'epée au coté, une cape sur les epaules, une petite toque sur la tete, un panier plein de petits chiens pendu a son cou par un large ruban; et il se tenoit si immobile qu'en nous parlant il ne remua ni tete ni pieds ni mains. Sully. Livr. II.

֍ [27] Hebammen werden zu den geistlichen Personen des Orts gerechnet. Peyser über den Schilter S. 76.

Das Wort Weihe bedeutet heilig Diterich von Stade Erklärung deutscher Wörter. S. 717.

Diss. de abusu rerum merae facultatis.
Blakvell über den Homer.
Hurd über Horazens Poetik und Brief an Mezen.

֍ Die Parlamentsstellen werden verkaufft.

Der Haarhandel ist zu Ffurt sehr starck in der Meße.
Hemenagogum.
   Arist. rot. ℥jj.
   Tart. calyb. ℥j.
   Aq. font. ℥jj.
   fiat infus.

Bücher zur Skaldischen Literatur.
Hikesii Thesaurus ligu. Septentrional.
Olai Wormii litt Runica. et alia ipsius scripta.
Edda.
Saxon. Gramm. hist Danica.
Thom Bartholin. de contemtu mortis apud vet.
Monumens Celtiques p. Mallet.
H. Dr. Gottfr. Schütze.

Stenders Lettische Grammatik.

Je suis m'ecrivoit, ce bon Prince, fort proche des Ennemis, et ie n'ai quasi pas un cheval sur le quel je puisse combattre, ni un harnois complet que je puisse endosser: mes chemises sont toutes dechirees; mes pourpoints troues au coude: ma marmite et souvent renversee; et depuis

---

5 Nach diesem Passus ist Folgendes durchgestr. Aristoloch. rot. ℥jj. Tri chalyb. ℥j. f. infus. Vgl. Z. 16—19.

[28] ∽ de disciplin a arcani in prima eccles. Pfaff. de praejud. Theol. §. XIII. p. 149. in Primitiis Tubingensibus.

∽ Im Elsas heißt die Terminei Bann der Feldschütze Bannkert.

Inhalt der Baselischen Reformations Ordnung zu Pflanzung der Erbarkeit und Ausreutung allerley Misbräuche. 1. Theil 1769.
1. Von sorgfältiger Erziehung der Kinder in der Religion.
2. Von Heiligung des Sonntags.
3. Wie sich während den Predigten aufzuführen.
4. Wie leichtfertigem Schwören zu steuern.
5. Erinnerung zu Beobachtung dieser Ordnung.

2. Theil.

Übermäsiger Pracht und Kostbarkeit zu verhüten.
1. Gold und Silber auf den Kleidern.
2. Edelgesteine und andre Kostbaarkeiten.
3. Krönlein und gestickte Sachen.
4. Seidene und sammte Mannskleider.
∽ 5. Kirchenkleidung. Weiberkleidung und fremde Trachten.
6. Einführung neuer Trachten.
7. Krönlein auf den Köpfen der Kinder. Officiers und andre von außerhalb anherokommende Bürger.
8. Laidtragen.
9. Gesind und Hintersaßen Tracht.
10. Fremde in Handlungs — Handwercks oder andern Diensten stehende Personen.
[29] 11. Übermäsiger Pracht in Kutschen.
12. Von Mahlzeiten.
13. Hochzeitmähler.
14. Bals und Tänze.
15. Von Tanzboden und Tanzen.
16. Masquierungen.

6 Nach Baselischen ist Polizey und durchgestr. | 11 ben corr. aus der

17. Schießen bey Hochzeiten etc.
18. Umzüge der Knaben.
19. Hohe Spiele.

   Handhabung dieser Ordnung.
De Abraxis. Mosh. Hist Eccles. p. 91. nota.
∞ Unter dem iungen Ludwig circa 900 reißen die ersten Befehdungen ein. Besonders weltliche gegen geistliche. Pütter 60.
Adelbert von Bamberg gegen Rudolphen von Würzburg. Ersterm der Kopf abgesprochen.
Erchanger und Berthold Schwabische Vögte enthauptet, 917 wegen Befehdung Salomons Bischoffs von Costn. Daraus erhellet wie man damals diese Privat Kriege angesehen habe.
Wittichindus Corbiensis de Henr. 'Aucup.' et de Ottone I. libr. 3.
Ursprung der Städte in Teutschl. bey ihm l. 1.
Rem inter gladiatores discerni iussit. 1. II. NB.
∞ Smollet Autor Peregr. Pickel.
Ewerhardt. Naturlehre.
∞ [30] Winckler, Eigenschaften, Wirkungen Ursachen der Electrizität. Leipzig 1744.*)
Gordon Versuch einer Erkl. der El. Erfurt 1745.
Caroli de Cisternai du Fay Versuche und Abh. von der Electr. der Körper 1745. Erfurt.
Kratzenstein vom Nutzen der Electr. Halle 1745.
Jallabert Exper. Electr. usibus medicis applicata. Basel. 1750.
Waitz Abh. von der Electr. und deren Urs. Preisschrifft. nebst zwey andern Berlin 1745.
∞ *) Winckler, Eigensch. der El. Mat. aus verschied. neuen Versuchen erkl. 1745. Leipzig.
Verf. einer Erkl. der Ursachen der Elektr. von A. G. R. P. M. Breslau. 1745.

---

20 Am Schluss dieses Citats das Wort vermehrt durchgestr., wofür die Anm.*) vgl. Z. 31—34.

Hartmann Verwandtschafft der Electr. Materie mit den schröcklichen Lufft Erscheinungen. Hanov. 1759.
[31] Ancient Scottish Poems. Publishd from the MS. of George Bannatyne. 1568. 12. 1770.
∽ Unterschd von Fehde und Faustr.

auch lieben Freunde, so wißt ihr wohl daß Ritter und Knechte nicht gern in die Richsstede riden so sie haben den ein frey starcke Geleide! das nehmet nit für übel daß ich uch das schreibe.

Croneberg.
Fr. Cr. 2. 1. 240.

∽ Riedesel. Reise.

Morrealese, sizilianischer Raphael.

Manna ist der Sasst von einer Art weiße bircken, im Jul. Aug Sept. ausgezogen.

Baumwolle gesäet. Pflanze von 5 Palmi. Frucht eröffnete Haselnuß.

∽ Wie der Ritter sich anzieht · schnell um zur Dame zu gehn, und ihm die Lust drüber vergeht er aber doch im Schwung ist und eine edle Tath vollendet —

∽ Das von mir und der Geh. Räthin wenn sie nicht aufgeräumt ist oder mit ihrem Mann zu thun hat — geradezu ins Bett.

Die Piverey — als haupt anteil an der Heurath.

[32] Wie der kleine junge Jeannot der Fingerling zu dem Petschafft deßen Umschrifft er lesen soll sagt es ist griechisch. Und der Doctor Mercks spricht wir müßens abdrucken

Wie der andre Dinten verschenckt sich frische holen will und drüber die Bouteille auf West und Hosen giest.

Jakobä. Wenn sie ein Trauerspiel spielen mußt du nicht hinein gehn das ist nichts da stechen sie einander todt und fallen über einander wie das liebe Vieh.

Traum Gespräch mit einem Juden über die Autorschafft.

∽ Spännungen Irrungen

---

13 Morrealese corr. aus Morea... 29 Boutei-

Am Staden noch in Strasb. gebräuchlich. Gay ge=
mauerter Plaz vom Waßer an die Häuser wahrscheinlich von
Gestade.

Stumpfreden Schimpfreden

Das Geraib alles Eingeweide der abgeschlachten Tiere
oder vielmehr alles was nicht als Fleischstück verkauft wird.

Z. E Kopf, Zunge

∞ Einem Bauer deßen neuer Pfarr Schnecken aß begegnet
ein Amtman, und fragte wie stehts Der Bauer sprach: ey
gut unser Pfarrer frißt das Ungeziefer, wenn noch der Teufel
die Amtleut und Advokaten hohlt so sind wir geborgen.

[33] Die Mahler gegen die Weisbinder in einem Prozeß
führten an letztere dürfsten nicht mit Öhlfarben mahlen unter
andern auch darum weil ein Mahler diese Farben erfunden
habe· der Weisbinder advokat versetzte, das sey eben als wenn
ein hochwürdig Ministerium sich des Artillerie Wesens an=
masen wollte weil der Erfinder des Pulvers ein Mönch war.

∞ Als das Wachslicht weggenommen und die Verliebten
dunkel gelaßen wurden.

Das grose Unheil das der Pißtopf in der Liebes Avantüre
verursachte.

P.

Sie haßen dich von Herzen

Sylla

Wenn sie nur erkennen was ich binn das übrige steht
bey ihnen lieb und haß.

Ringerung.

Gaffeln Zünften

Quia in terris saxoniae maturius aliquando sapiunt
homines. Carpzov Vid Lauterb. 4. 4. 4.

Es ist was verfluchtes wenn so ein Junge neben einem
aufwachst von dem man in allen Gliedern spürt daß er einem
übern Kopf wachsen wird, Sylla

∞ [34] Es ist ein sakerments Kerl. Er kann so zur

---

1 Nach Gay durchgestr. Plaz | 16 Hs. das Artillerie Wesens|
25 sie corr. aus Sie |

rechten Zeit respectuos und stillschweigend dastehn, und horchen, und zur rechten Zeit die Augen niederschlagen und bedeutend mit dem Kopf nicken.

∞ Panzerfegen zwingen und dringen.

Cäsar du weißt ich binn alles gleich müd, und das Lob am ersten und die Nachgiebigkeit. Ja Servius ein braver Mann zu werden und zu bleiben, wünsch ich mir biß ans Ende große Ehren — werthe Feinde.

Servius nießt!

Caesar Glück zu Augur! Ich dancke dir.

So lang ich lebe sollen die Nichtswürdigen zittern und sie sollen das Herz nicht haben auf meinem Grabe sich zu freuen.

De extrinseco intellectu prohibito Statut. Genuens. d..ao. 1597. lib. I. cap 16. pag. 23.

---

5 Nach müd eine unleserliche Correctur. | 8 Feinde corr. aus Freunde | 11 Nichtswürdig=

Volkslieder.

[1] ## Das Lied vom Pfalzgrafen.

Es fuhr ein Fuhrknecht über den Rhein, :‖:
Er kehrt beym iungen Pfalzgraven ein. :‖:

Ach Pfalzgraf lieber Pfalzgraf mein,
Wo hast dein adlichs Schwesterlein.

Was hast du nach meiner Schwester zu fragen,
Sie ist dir viel zu adelich.

Soll sie mir viel zu adlich seyn,
Sie hat für wahr ein Kindlein klein.

Hat sie fürwahr ein Kindlein klein
So soll sie nimer mein Schwester seyn.

Es stund nicht länger als drey Tag an,
Die iunge Gräfin gefahren kam.

Als nun die Gräfin gefahren kam
Der iung Graf ihr entgegen sprang.

Gott grüß dich Schwester hübsch und fein,
Wo hast dein artlich Kindelein.

[2] Er nimmt sie bey ihrer schneeweißen Hand
Und führt sie nach Holland zu dem Tanz.

---

10 Hs. So Soll sie für: So nachträglich eingefügt, für
durchgestrichen. | 17 nimmt corr. aus führt | 18 nach corr. aus bey

[2. Lied.

Er tanzt am Winter die lange Nacht
20 Biß daß ihr die Milch zur Brust naus brach.

Ach Bruder hör auf dann es ist gnug,
Daheime weint mein Fleisch und Blut.

Er nimmt sie an ihrem schneeweißen Arm
Und führt sie in die Kammer, daß Gott erbarm.

25 Er tritt sie am Winter die lange nacht
Biß daß man Lung und Leber sach.

Ach Bruder hör auf dann es ist gnug,
Es gehört dem König von England zu.

Ach Schwester hättst du's mir eh gesagt
30 Es wär mir ein lieber Schwager gewest.

2 [3] Ich kann und mag es nicht sitzen,
Mag auch nicht lustig seyn
Mein Herzel ist mir betrübet
Ach Schätzel von wegen dein.

5 Was zog es aus der Taschen
Ein Messer war scharf und spitz
Er stachs seiner liebe durchs Herze
Daß rothe Blut gegen ihn spritzt.

Und da ers wieder herauser zog
10 Von Blut war es so roth.
Ach reicher Gott vom Himmel
Wie bitter ist mir der Todt.

Was zog er ihr abe vom Finger
Ein rothes Goldringelein,
15 Er warfs in fließig Waßer
Es gabe seinen klaren Schein.

---

20 brach corr. aus sprang | 24 Arm als Dittographie durchgestr. und durch Und ersetzt. | 6 Hs. starck und spitz. starck durchgestr., scharf übergeschrieben. | 15 fließig corr. aus fließend

Schwimm hin schwimm her Goldringelein
Biß an den tiefen See.
[4] Mein Feinslieb ist mir gestorben,
Jetzt hab ich kein Feinslieb mehr.

So gehts wenn ein Maidel zwey Knaben lieb hat,
Tuht wunder selten gut.
Das haben wir beyde erfahren was
Falsche Liebe thut.

Das Lied vom Grafen Friderich. 3

Graf Fridrich wollt ausreiten,
Mit seinen Edelleuten,
Wollt hohlen ihm seine liebe Braut,
Die ihm zur Eh war wohl vertraut.

Als er mit seinem hellen Hauff,
Reit einen hohen Berg hinauff
Da kam er auf dem Weeg,
Auf einen schmalen Steeg.

[5] In dem Gedräng dem Graven wehrt
Schoß aus der Scheid sein scharfes Schwerdt
Verwundet seine liebe Braut
Die ihm zur Eh war wohl vertraut.

Was zog er aus? Sein Hemdlein weis,
Druckts in die Wund mit grosem Fleis.
Das Hemd das war von Blut so roth,
Als wenn manns draus gewaschen hätt.

Und wie er in den Hoff nein reit,
Sein Mutter ihm entgegen schreyt.
Sey mir willkommen Sohne mein,
Und alle die mit dir kommen seyn.

---

3 ihm nachträglich eingefügt. | 5 hellen corr. aus hohen |
7 Weeg: Steeg corr. aus Weege: Steege |

Wie ist dein liebe Braut so bleich,
Als ob sie ein Kindlein hät gesäugt
Wie ist sie also inniglich
Ob sie mit einem Kindlein schwanger ist.

25 Ach schweig mein Mutter stille
Und thu's um meinetwillen.
[6] Sie ist Kindshalben nicht ungesund,
Sie ist biß auf den Todt verwundt.

Da es nun war die rechte Zeit
30 Ein köstlich Wirthschafft war bereit
Mit aller Sach versehen wohl
Wie's eines Grafen Hochzeit soll

Man setz die Braut zu Tische,
Man gab ihr Wildpret und Fische,
35 Man schenckt ihr ein den besten Wein,
Die Braut die wollt nicht frölich seyn.

Sie konnt weder trinken noch eßen.
Ihr Unmut konnt sie nicht vergeßen
Sie sprach sie wollt es wäre die Zeit,
40 Daß ihr ein Bettlein war bereit.

Das hört die üble Schwörinn
Und red gar bald hierüber
Hab ich doch das noch nie gehört
Daß eine Braut zu Bett begehrt

45 [7] Ach schweig mein Mutter stille
Habt daran kein Unwille
Sie red es nicht aus falschem Grund
Sie ist biß auf den Todt verwundt.

Man führt die Braut zu Bette
50 Für Unmuth sie nichts redte;

---

26 um corr. aus und | 36 wollt corr. aus konnt | 43 nach
das eine unleserliche Correctur.

Mit brennenden Kerzen und Fakeln gut
Doch sie war traurig und Ungemut.

Graf Fridrich lieber Herre,
Ich bitt euch gar so sehre
Ihr wollt thun nach dem Willen mein, 55
Laßt mich die nacht ein Jungfrau seyn

Nur diese nacht alleine
Die andern fürbaß keine.
So mir will Gott das Leben lahn,
Binn ich ihm fürbaß untertahn. 60

Mein allerliebste Gemalinn mein,
Der Bitt sollt ihr gewäret seyn;
[8] Mein Schatz und Trost mein schönes Lieb,
Ob deinen Schmerzen ich mich betrüb.

Mein herziges Lieb, mein höchster Hort, 65
Ich bitt dich hör mich nur ein Wort.
Hab ich dich tödlich wund erkennt,
Verzeih mir das vor deinem End.

Ach allerliebster Gemahl und Herr,
Ich bitt euch bekümmert euch nicht so sehr 70
Es ist euch alles verziehen schon,
Nichts arges habt ihr mir gethan.

Sie kehrt sich gegen die Wände,
Und nahm ein seeligs Ende,
In Gott end sie ihr Leben fein 75
Und blieb eine Jungfrau keusch und rein

Zu Morgens wollt sie haben,
Ihr Vater reichlich begaben
Da war sie schon verschieden
In Gottes Namen und Frieden. 80

[9] Ihr Vater fragt all Umständ
Wie sie genommen hat ein End

3*

Graff Fridrich sprach ich armer Mann
Binn Gott 'sey Klag selbst schuld daran.

85 Der Braut Vater sprach in Ungemut
Hast du verderbt ihr iunges Blut
So must du auch darum aufgeben
Durch meine Hand dein iunges Leben

In dem so zog er aus sein Schwerdt
90 Er stach dem edlen Grafen werth
Mit grosen Schmerzen durch seinen Leib
Daß er Todt auf der Erden bleib.

Man band ihn an ein hohes Roß
Und schleppt ihn durch das tiefe Moos
95 Darium man seinen Leib begrub.
Sein leiblich Farb er an sich hub

Es stund nicht langer als drey tag an
Es wuchsen drey Lilgen auf seinem Grab.
[10] Daran steht es geschrieben
100 Das er bey Gott geblieben.

Man grub ihn wieder aus dem Moos
Man führt ihn auf sein festes Schloß
Bey seiner Liebe man ihn begrub
Sein leiblich Farb er an sich hub

105 Er war am dritten Tag schon Todt
Noch blüht er wie die Rosen roth
Sein Angesicht war freundlich gar
Sein ganzer Leib war hell und klar

Ein grosses Wunder auch da geschah
110 Das mancher Mensch glaubhäfftig sah
Sein Lieb er mit Armen umfing
Eine Red aus seinem Munde ging.

94 durch corr. aus an

Und sprach Gott sey gebenedeyt
Der uns gegeben die ewige Freud
Weil ich bey meiner Bulen binn 115
Fahr ich aus dieser Welt dahin

[11] Mit leichten und geringem Muth
Laß ich hinter mir mein unschuldig Blut,
Fahr ich aus dieser Welt dahin
Da ich aus Noth erlöset binn. 120

Das Lied vom Herrn von Falckenstein. 4

Es reit der Herr von Falckenstein
Wohl über eine breite Heide.
Was sieht er an dem Weege stehn?
Ein Maidel in weißen Kleidern.

Wohin wonaus du schöne Magd 5
Was machen ihr hie alleine
Wollt ihr die Nacht mein Schlaffbule seyn,
So reiten ihr mit mir heime.

Mit euch heim reiten das thu ich nicht,
Kann euch doch nicht erkennen. 10
Ich binn der Herr von Falckenstein,
Und thu mich selber nennen.

[12] Seyd ihr der Hr. von Falckenstein
Derselbe edle Herre
So will ich euch beten um den Gefangnen mein 15
Den will ich haben zur Ehe.

Den Gefangnen mein den gib ich euch nicht
Im Turn muß er verfaulen
Zu Falckenstein steht ein tieffer Turn
Wohl zwischen zwo hohen Mauern. 20

---
3 vor stehn ein Fragezeichen. | 4 weißen corr. aus weißem
| 12 thu corr. aus kann

Steht zu Falckenstein ein tieffer Turn,
Wol zwischen zwo hohen Mauern
So will ich an die Mauern stehn
Und will ihm helffen trauern.

25 Sie gieng den Turm um und wieder um,
Feinslieb bist du darinne
Und wenn ich dich nicht sehen kann
So komm ich von meinen Sinnen.

[13] Sie gieng den Turm wohl um und wieder um,
30 Den Turm wollt sie auffschließen;
Und wann die Nacht ein Jahr lang wär,
Kein Stund thät mich verdrießen.

Ey dürfft ich scharfe Meßer tragen,
Wie unsers Herren sein Knechten,
35 So that ich mi'm Herrn von Falckenstein,
Um meinen Herzliebsten fechten.

Mit einer Jungfrau fecht ich nicht,
Das wär mir immer eine Schande,
Ey lieber will ich dir deinen Gefangenen geben,
40 Zieh mit ihm aus dem Lande.

Wohl aus dem Land da zieh ich nicht,
Hab niemand nichts gestohlen,
Und wo ich etwas hab liegen lan,
So dörf ich's wieder hohlen.

5 [14] **Das Lied vom verkleideten Grafen.**

Es werbt eines iungen Grafen Sohn,
Um's Königs seine Tochter,
Er werbt drey Tag und sieben Jahr
Und konnt sie nicht erwerben.

---

21 nach Falckenstein ist steht durchgestrichen. | 25 Turm mit späterer Schrift aus Turn | 30 sie corr. aus es | 33 tragen corr. aus trägen | 34 vor sein steht sey durchgestrichen. | 37 Mit corr. aus Mich

Und da sie sieben Jahr ummer waren,
Ein Brieflein thut sie schreiben,
Leg du dir weibisch Kleiderlein an,
Flecht dir dein Haar in Seiden.

Er reit vor seiner Schwester Tühr,
Schwester bist du darinne.
Ach leih mir deinen braun Seidenen Rock
Flecht mir mein Haar in Seide.

Sie legt sichs aus, und ziehts ihm an,
Flecht ihm sein Haar in Seide,
Sie legt ihm ein Silbergesteckmesserle dran.
Er reit wohl über grün Haide.

[15] Und da er auf die Haid naus kam
Gar höflich thät sie singen
Da war der Hr. König und auch sein Kind
In einem hohen Zimmer

Ach Papa lieber Papa mein
Wer kann so höflich singen.
Es singet fürwahr ein schöne Jungfrau,
Daß durch die Berge thut dringen.

Laß du sie nur reiten laß du sie nur gehn
Sie reit auf rechter Straßen,
Und wann sie heim kommt vor unser Schloß Tühr
Zum Stallknecht muß sie schlaffen.

Ach Papa lieber Papa mein
Das wär uns beyden ein Schande
Es schickt so mancher edler Herr
Sein Kind in fremde Lande.

[16] Da es nun war am Abend spat,
Vor die Schloßtühr kam sie geritten

---

17 Und da corr. aus Er reit

35 Sie klopft mit ihren Goldringelein an.
Feinslieb bist du darinne.

Und da sie in das Schloß nein kam
Der König thät sie gleich fragen
Sey du uns willkommen du schöne Jungfrau,
40 Oder hast du es ein Manne.

Ich hab es kein Mann und will es kein Mann,
Ein Jungfer will ich bleiben
Und wann ich bey seiner Tochter es wär,
Die Zeit thät sie mir vertreiben

45 Hast du es kein Mann und willst du kein Mann,
Willst du ein Jungfer bleiben,
So mußt du zu meiner Tochter schlaffen
Ihr Bett ist klare Seiden.

[17] Und da es war um Mitternacht
50 Dem König träumts so schwere,
Daß es fürwar ein schön jung Knab
Bey seiner Tochter wär.

Der Hr. König und der war ein artlicher Herr,
Bald thät er ein Licht anzünden.
55 Er ging von Bett biß wieder zu Bett
Biß er die zwei thät finden.

Ach Papa lieber Papa mein,
Laßt uns nur beyde gewähren,
Gott ernährt so manchen Vogel in der Lufft
60 Er wird uns auch ernären.

6. Das Lied vom Zimmergesellen.

Es war einmal ein Zimmergesell
War gar ein junges Blut

60 uns corr. aus und

Er baute dem iungen Marckgraffen ein Haus
Fünfhundertsechs Läden daran.

[18] Und wie das Haus gebauet war
Legt er sich nieder und schlieff.
Da kam des iungen Marckgraffen sein Weib,
Zu zweyten zum drittenmal rief

Steh auf, steh auf gut Zimmergesell
Denn es ist an der Zeit
Wenn dir beliebt bey mir zu schlaffen
An meinem Schneeweißen Leib.

Ach nein ach nein Marckgräfin nein,
Das wär uns beyden ein Schand
Und wenns der iunge Marckgraf erfür
Wir müßten beyd aus dem Land.

Und da der beyden Willen geschah
Sie meynten sie wären allein,
Da kam die älteste Kammermagd,
Zum Schlüßelloch schaut sie nein.

Ach Herr ach edler Herre mein
Gros Wunder an eurem Weib
Der Zimmergesell thut schlaffen
An ihrem Schneeweißen Leib.

[19] Und schläfft es nun der Zimmergesell
An ihrem Schneeweißen Leib.
Ein Galgen will ich ihm bauen,
Zu Basel wohl an dem Rhein.

Man führt den iungen Zimmergesell
Auf's Rathhaus wohl in der Stadt,

---

4 sechs übergeschr. | 12 Schneeweißen corr. aus schneeweißen
| 14 Schand corr. aus Schande | 15 Marckgraf corr. aus Marck-
graf | 24 Schneeweißen corr. aus schneeweißen | 26 Schneeweißen
corr. aus schneeweißen

Sein Nebel thät man ihm sprechen,
Gehencket muß er sein.

Da sprach der Burgermeister
Wir wollen ihn leben lan
35 Ist keiner unter uns allen
Der nicht hätt das gethan.

Was zog er aus seinem Sacke
Fünfhundert Goldgülden so roth.
Zieh hin zieh hin gut Zimmergesell
40 Darum kauf Wein und Brod.

Und wenn du das Geld verzehret hast
So komm du wieder zu mir,
So will ich dir laßen geben
Den besten Malvasier.

7 [20] **Das Lied vom Lindenschmidt.**

Es war ein ädlicher Lindenschmidt
Nährt sich auf freyer Landstrasen

5

Und da es Juncker Kasper erfur
Setzt er seinem Bäurlein das Käpplein auf,
Und schickt es auf freyer Landstrasen
Wenn es den ädlichen Lindenschmidt fand,
10 Soll es ihn gleich verrahten.

Das Bäuerlein schifft sich über den Rhein
Gegen Franckenthal in ein Wirths Haus hinein.

1 ädlicher corr. aus artlicher | 12 Gegen corr. aus Nach

[7. Lied.]

Herr Wirth habt ihr nichts zu eßen
Es kommen drey Wagen sind wohl beladen
Von Franckfurt aus der Meßen. 15

[21] Der Wirth der sagts dem Bäurlein zu,
Ja Wein und Brod des hab ich gnug.
Im Stall hab ich drey Roße
Die sind dem äblichen Lindenschmidt,
Nährt sich auf freyer Landstraßen. 20

♯ ♯ ♯

Das Bäurlein dacht in seinem Muth
Die Sache die wird werden gut;
Den Feind hab ich vernommen,
Gar bald er Juncker Kasper zu schrieb,
Er soll gar eilend kommen. 25

♯ ♯ ♯

Der Lindenschmidt lag hinterm Tisch und schlieff,
Sein Sohn ihm zum öfftermal rieff
Steh auf herzlieber Vater mein

Dein Verräter ist schon kommen 30

♯ ♯ ♯

Und da der Juncker Kasper in die Stube nein trat.
[22] Der Lindenschmidt von Herzen erschrack;
Lindenschmidt gieb dich gefangen!
Zu Baden wohl am Galgen hoch,
Daran da mußt du hangen. 35

♯ ♯ ♯

Der Lindenschmidt der war ein freyer Reutersmann,
Er als gleich nach der Klingen sprang,

---

17 des corr. aus der | 21 Muth corr. aus Sinn | 26 Tisch corr. aus Disch | 28 herz corr. aus mein | 34 Zu corr. aus Am

Wir wollen erst ritterlich fechten;
Aber es waren der Bluthunden zu viel
40 Sie schlugen ihn nieder zur Erden.

Ey kann und mag's nicht anders seyn,
So bitt ich um mein Sohne mein.
Und um mein Reuters Jungen,
Ey haben sie iemand etwas leids gethan
45 Darzu hab ich sie gezwungen.

Der Juncker Kasper sprach nein dazu,
[23] Das Kalb muß leiden mit der Kuh,
Soll dir nicht weiter gelingen,
Als biß gen Baden in der werthen Stadt,
50 Soll dir dein Haupt abspringen.

Sie wurden alle drey nach Baden gebracht,
Sie saßen nicht länger als eine halben Nacht.

Da ward gehenckt der Lindenschmidt,
55 Sein Sohn und Reutersiunge.

8 Das Lied vom Herrn und der Magd.

Es war einmal ein edler Herr
Der hatt' eine Magd gar schön;
Die spielten beyde ein halbes Jahr,
Das Maidel ging gros schwanger.

5 [24] Ach Herr ach Herr ach edler Herr
Von euch binn ich gros schwanger.

---

52 Nacht corr. aus nacht | Nach Nacht durchgestr.: Ward
ihnen b

Schweigt still, schweigt still mein Töchterlein,
Der Reden seyd ihr stille,
Ich will dir Hänsgen den Stallknecht geben
Dazu fünfhundert Gulden.

Hänsgen den Stallknecht mag ich nicht,
Gebt mir fünfhundert Gulden,
Ich will noch heut nach Wertelstein.
Zu meiner lieb Frau Mutter.

Und wie ich kam nach Wertelstein
Wohl auf die steinerne Brucken
Begegnet mir die Mutter mein,

[25] O Tochter liebe Tochter mein,
Wie ist es dir ergangen.
Daß dir dein Röcklein vorn zu kurz
Und hinten viel zu lange.

Schweigt still, Schweigt still liebe Mutter mein
Der Reden seyd ihr stille.
Daß es kein Mensch erfahren tuht,
Sonst ist es mir gros Schande.

Schweigt still, schweigt still liebe Tochter mein,
Der Reden seyd ihr stille,
Wenn wir das Kindlein gebohren han,
So wollen wir's lernen schwimmen.

Schweigt still, schweigt still liebe Mutter mein
Der Reden seyd ihr stille,
Wir schickens dem rechten Vater heim,
So bleiben wir im Lande.

21 O corr. aus Ach

[26] Gebt mir Papier und eine Feder
Ein Brieflein will ich schreiben,
Macht mir ein Bettlein von Sammt und Seide,
40 Den Todt will ich drauf leiden.

Wie er das Brieflein empfangen hat,
Geb'n ihm die Augen Waßer,
Ach Hänsgen lieber Stallknecht mein
Sattel mir geschwind mein Pferde.

45 Ich muß noch heut nach Wertelstein,
Zu meiner allerliebsten,
Er flog wohl über Stock und Stiel,
Wie Vögel unterm Himmel.

Und wie er kam nach Wertelstein
50 Wohl auf die grüne Haide,
Begegnen ihm die Todtenträher.
Mit einer Todtenleiche.

Steht still steht still ihr Todtenträger!
Laßt mich die Leich beschauen.
55 Er hob den Ladendeckel ab,
Und schaut ihr unter die Augen.

[27] Er zog ein Meßer aus seinem Sack
Und stach sich's selber ins Herze
Hast du gelitten den bittern Tod
60 So will ich leiden Schmerzen.

9 Vom braun Annel.

Es wollt ein Knab spazieren gehn,
Wollt vor braun Annels Laden stehn,
Er wußt nicht was er ihr verhies,
Daß sie den Riegel schleichen lies.

---

37 und eine Feder corr. aus von Sammt und S | 53 Diese Strophe ist von fremder Hand nachgetragen und zwar in 2 Langzeilen.

[9. Lied.]

Den Riegel wohl in die Ecken,
Zum braun Annel wohl unter die Decken.

Sie liegen bey einander eine kleine Kurzweil
Der iung Knab weckts braun Annelein.
Steh auf es geh an es den Laden
Sieh ob es nich irgends will tagen.
Bleib liegen mein Schätzel nur stille,
Es taget nach unserem Wille.

Sie liegen bey einander eine kleine Kurzweil
Der Jung Knab weckts braun Annelein.
Braun Maidel gab dem Laden ein Stos
Scheint ihm die helle Sonn in Schoos.
Steh auf es mein Schätzel nur balde
Die Vögel die singen im Walde.

[28] Braun Annel war so hurtig in Eil
Sie ließ den Knaben hinunter am Seil
Sie meynt er wär nun bald drunnen
Liegt er es so tief im kalt Brunnen.

Man zog ihn raus am dritten Tag.
Weint alles was ia um ihn war
Als nur's braun Annel alleine,
Für Trauern, konnt sie nicht weinen.

Ach Gott was war das für ein Mann
Daß ich ihn nicht erkennen kann
Ich hab ihn offtermal hören nennen
Ich kann ihn doch nicht erkennen.

Es stund eine alte Frau dabey
Schweig still schweig still braun Annelein.
Keine Nacht hast unterlaßen,
Hast ihn alle Nacht zu dir gelaßen.